ヤマケイ文庫

長野県警レスキュー最前線

長野県警察山岳遭難救助隊＝編

Yamakei Library

長野県警レスキュー最前線　目次

＊本書は二〇一一年十一月発行の『レスキュー最前線　長野県警察山岳遭難救助隊』（山と溪谷社刊）を文庫化したものです。
＊また所属は、単行本発表当時のままにしてあります。

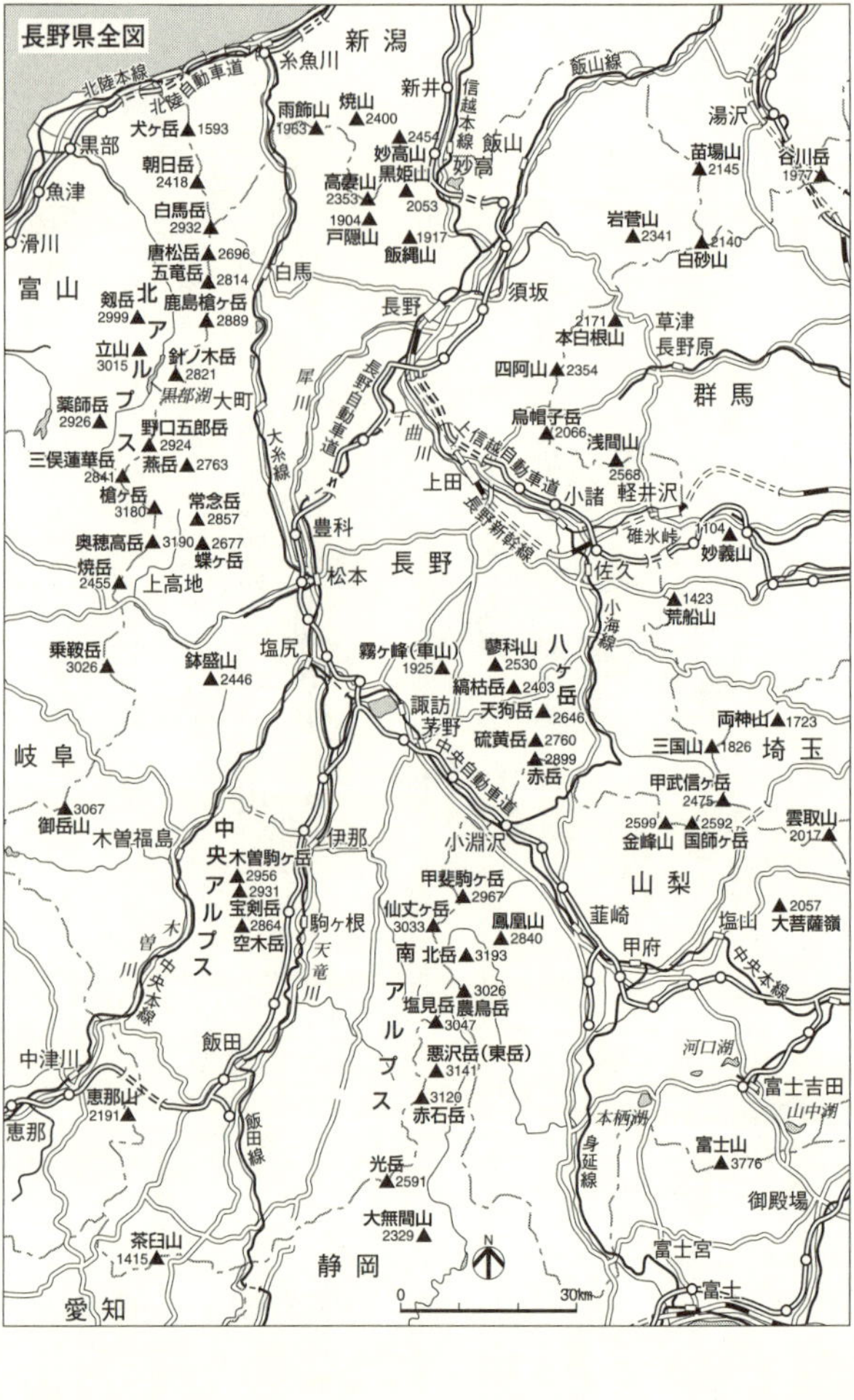
長野県全図
新潟
糸魚川
北陸本線
北陸自動車道
飯山線
新井
信越本線
飯山
妙高
湯沢
谷川岳
1977
苗場山
2145
焼山
2400
雨飾山
1963
2454
妙高山
黒姫山
2053
高妻山
2353
1904
戸隠山
1917
飯縄山
犬ヶ岳
1593
黒部
魚津
滑川
朝日岳
2418
白馬岳
2932
唐松岳
2696
五竜岳
2814
岩菅山
2341
2140
白砂山
富山
白馬
剱岳
2999
北アルプス
鹿島槍ヶ岳
2889
長野
須坂
2171
本白根山
草津
長野原
立山
3015
針ノ木岳
2821
四阿山
2354
群馬
黒部湖
大町
犀川
長野自動車道
薬師岳
2926
野口五郎岳
2924
千曲川
烏帽子岳
2066
浅間山
2568
上信越自動車道
三俣蓮華岳
2841
燕岳
2763
大糸線
上田
小諸
軽井沢
槍ヶ岳
3180
常念岳
2857
長野新幹線
豊科
碓氷峠
1104
妙義山
奥穂高岳
3190
2677
蝶ヶ岳
焼岳
2455
上高地
松本
長野
佐久
1423
荒船山
小海線
乗鞍岳
3026
塩尻
鉢盛山
2446
霧ヶ峰(車山)
1925
蓼科山
2530
八ヶ岳
縞枯岳
2403
諏訪
天狗岳
2646
茅野
硫黄岳
2760
2899
赤岳
両神山
1723
三国山
1826
埼玉
岐阜
中央自動車道
甲武信ヶ岳
2475
3067
御岳山
木曽福島
中央アルプス
伊那
小淵沢
2599
2592
金峰山
国師ヶ岳
雲取山
2017
木曽駒ヶ岳
2956
2931
甲斐駒ヶ岳
2967
山梨
宝剣岳
2864
空木岳
駒ヶ根
仙丈ヶ岳
3033
鳳凰山
2840
韮崎
塩山
2057
大菩薩嶺
木曽川
中央本線
天竜川
南アルプス
北岳
3193
甲府
中央本線
3026
塩見岳
農鳥岳
3047
河口湖
中津川
飯田
悪沢岳(東岳)
3141
富士吉田
山中湖
恵那山
2191
3120
赤石岳
本栖湖
恵那
飯田線
身延線
富士山
3776
光岳
2591
御殿場
大無間山
2329
茶臼山
1415
静岡
富士宮
N
0
30km
富士
愛知

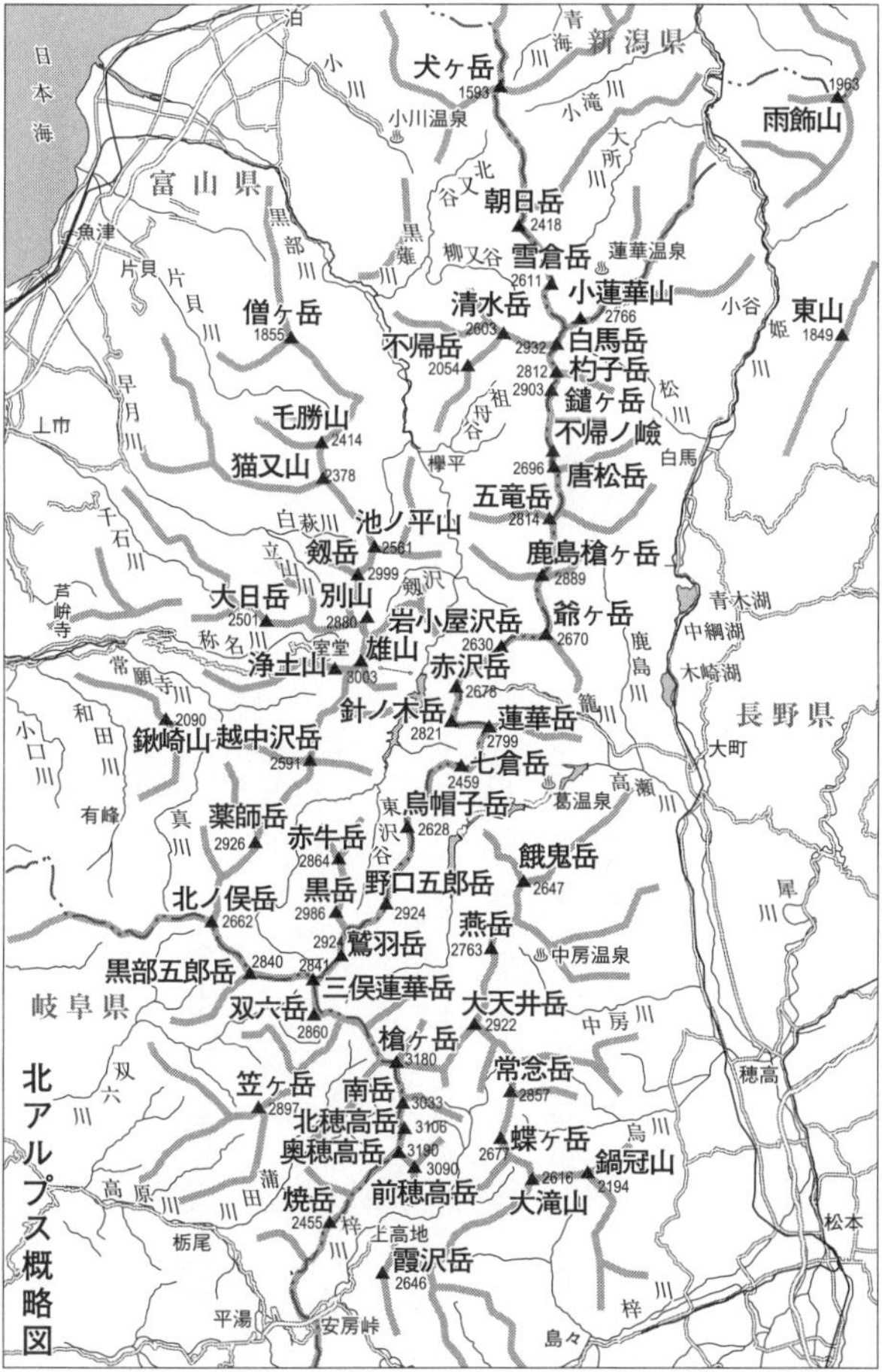
日本海
富山県
新潟県
長野県
岐阜県
泊
犬ヶ岳
1593
小川
小川温泉
青海川
小滝川
大所川
1963
雨飾山
北又谷
朝日岳
2418
黒薙川
柳又谷
雪倉岳
蓮華温泉
2611
小蓮華山
2766
魚津
片貝
片貝川
黒部川
僧ヶ岳
1855
清水岳
2603
不帰岳
2054
白馬岳
2932
杓子岳
2812
鑓ヶ岳
2903
不帰ノ嶮
唐松岳
2696
小谷
姫川
東山
1849
松川
祖母谷
早月川
上市
毛勝山
2414
猫又山
2378
欅平
白馬
五竜岳
2814
白萩川
池ノ平山
千石川
立山川
剱岳
2561
2999
鹿島槍ヶ岳
2889
剱沢
芦峅寺
大日岳
2501
別山
2880
岩小屋沢岳
2630
爺ヶ岳
2670
青木湖
中綱湖
木崎湖
称名川
室堂
雄山
3003
浄土山
赤沢岳
2678
鹿島川
常願寺川
2090
針ノ木岳
2821
蓮華岳
2799
籠川
長野県
和田川
小口川
鍬崎山
越中沢岳
2591
大町
七倉岳
2459
高瀬川
葛温泉
東沢谷
烏帽子岳
2628
有峰
真川
薬師岳
2926
赤牛岳
2864
餓鬼岳
2647
黒岳
2986
野口五郎岳
2924
北ノ俣岳
2662
犀川
燕岳
2763
中房温泉
2924
鷲羽岳
黒部五郎岳
2840
2841
三俣蓮華岳
双六岳
2860
大天井岳
2922
中房川
槍ヶ岳
3180
双六川
常念岳
2857
穂高
笠ヶ岳
2897
南岳
3033
北穂高岳
3106
奥穂高岳
3190
3090
蝶ヶ岳
2677
烏川
鍋冠山
2616
2194
大滝山
高原川
蒲田川
前穂高岳
焼岳
2455
梓川
上高地
松本
栃尾
霞沢岳
2646
平湯
安房峠
島々

北アルプス概略図

はじめに
山岳遭難救助隊と十五年間の隊員生活

平出　剛（前山岳遭難救助隊隊長）

救助隊の変遷

長野県は、北・中央・南アルプスなど、日本の屋根と呼ばれる三〇〇〇メートル級の山岳を数多く抱えており、近代登山の発祥以来、年間を通してたくさんの登山者が訪れている。しかし、登山者が増えれば遭難も多くなるのは当然で、いかにしてこの遭難の増加に歯止めをかけられるかが昔からの継続的な課題となっている。

長野県警が山岳遭難事故統計をとりはじめたのは、昭和二十九年のことである。これによると、遭難は昭和四十年代後半まで右肩上がりに増え続け、その後しばらく増減を繰り返したのち、平成十年ごろからは再び増加傾向に転じて現在に至っている。また、昭和二十九年から五十七年ごろまでは、平均すると年間で四十～五十

長野県内の年別遭難発生状況

	昭和29年	昭和30年	昭和31年	昭和32年	昭和33年	昭和34年	昭和35年
遭難件数（件）	24	23	34	45	73	87	105
遭難者数（人）	42	46	69	65	127	128	154
死者数（人）	24	23	32	29	51	61	42

昭和36年	昭和37年	昭和38年	昭和39年	昭和40年	昭和41年	昭和42年	昭和43年	昭和44年
101	113	76	84	108	112	124	115	105
138	168	108	109	149	151	205	164	164
54	76	25	41	64	40	84	48	51

昭和45年	昭和46年	昭和47年	昭和48年	昭和49年	昭和50年	昭和51年	昭和52年	昭和53年
117	146	126	100	111	108	128	116	105
149	184	170	114	137	152	155	155	120
46	59	69	38	61	51	58	57	47

昭和54年	昭和55年	昭和56年	昭和57年	昭和58年	昭和59年	昭和60年	昭和61年	昭和62年
105	87	78	85	82	91	76	72	89
123	116	103	126	103	132	110	99	123
41	46	32	57	31	31	41	23	41

昭和63年	平成元年	平成2年	平成3年	平成4年	平成5年	平成6年	平成７年	平成8年
81	104	97	92	104	95	105	107	124
98	142	140	117	133	108	112	123	164
14	33	31	23	33	24	21	37	31

平成9年	平成10年	平成11年	平成12年	平成13年	平成14年	平成15年	平成16年	平成17年
99	107	131	142	148	155	179	139	166
109	121	147	155	161	183	203	158	187
28	35	34	37	31	38	43	33	28

平成18年	平成19年	平成20年	平成21年	平成22年	平成23年	平成24年	平成25年	平成26年
173	166	182	173	213	227	254	300	272
222	179	199	186	231	251	279	328	301
58	28	44	38	39	49	42	65	46

*平成11年以降のデータには山菜採りも含む。

人の登山者が命を落としており（近年の死亡者数は、だいたい年間三十～四十人前後）、当時は死亡率が非常に高かったことがわかる。ちなみに昭和二十九年の統計を見ると、二十四件の事故が発生し、二十四人が死亡、十二人が負傷、六人が無事救出となっている。一方、平成二十二年の統計では、発生件数が二一三件、死亡三十九人、行方不明五人、負傷者一二二人、無事救出等が六十五人である。

昭和二十九年から今日までの間には、登山者数はもちろん、登山者の気質、遭難の形態、救助方法などが大きく変わり、それがこの数字にも大きく反映されているように感じる。

昭和二十九年当時、遭難救助はそのほとんどを山小屋の主人や山案内人などの民間人が行なっていた。当時の記録を見ると「警察官は登山用具がないため各人借用」「靴は警備靴」「防寒用具などの個人装備もなく、遭難者の仲間等と行動するのに非常に困難をきたした」とある。警察はいちおう救助に携わってはいたものの、装備もろくにないありさまで、救助態勢もまだまだ確立されていなかったことがうかがい知れる。

昭和三十年になると、北アルプスなど各山域を管轄する「遭対協」がそれぞれの地元で設立され、昭和三十四年には長野県警として初めて警察官による山岳警備訓練が行なわれた。この年の夏山シーズン、遭難に備えて警察官二人が初めて涸沢に常駐したが、これは連絡員としての任務が主であった。

そして昭和三十五年、涸沢と白馬岳を拠点として「長野県警察山岳パトロール隊」による夏山パトロールが初めて実施され、以降、パトロールは夏山シーズンの恒例となった。昭和四十一年四月にはパトロール隊を改編し、現在の「長野県警察山岳遭難救助隊」が発足、ここに組織的な救助活動の本格的スタートを切ったのだった。

警察本部の外勤課と機動隊から集められた当時の隊員は、山岳レスキューの経験も知識もほとんどないに等しかったが、長野市郊外の「物見の岩」や北アルプスなどで四季を通した訓練を重ね、徐々に力をつけていった。その後、救助のシステムは人力によるものから機動力を活かしたヘリコプター主流へと変わり、迅速で幅広い対応を可能にするため、隊員も主要山域を管轄する各警察署と県警航空隊に配置されるようになった。

現在、北アルプス南部地区は松本署と安曇野署が、北アルプス北部地区は大町署が、八ヶ岳は茅野署が、さらに中央アルプスは駒ヶ根署が管轄し、それぞれに救助隊員が配置されている。

現代の登山者にひとこと

昭和三十一年の第三次マナスル登山隊のヒマラヤ、マナスル初登頂を機に、日本にも登山ブームが到来し、長野県内を訪れる登山者も一気に倍増した。そのころは山岳部や山岳会などの組織登山者が主流で、登山者の年齢層は現在と比較すると断然若かった。

一方、登山者の増加とともに遭難も多く発生した。当時は遭難が発生すると、山小屋の従業員や山案内人が、遭難者の仲間とともに救助に当たったと聞いている。「登山は自己責任で行なうもの。遭難を起こしたときには自分たちで対処する」という登山の大原則、すなわち「登山の本来あるべき姿」が、登山者に広く浸透していたのだろう。

では今は、と考えると、登山者の年齢層もだいぶ高くなり、そのなかには登山の知識や技術が乏しい者も多く、「登山は自己責任で」という認識がずいぶん薄れているような気がする。もはや、かつて当たり前だった「登山の本来あるべき姿」とは大きくかけ離れてしまった感があるが、そもそも「あるべき姿」自体がすでに変わっているのかもしれない。以下にあげるような現代の登山者を見ると、つくづくそう思ってしまう。

■季節感のない登山者

山には四季折々の素晴らしさがあるが、その裏には四季折々の危険も潜んでいる。そうした危険に対処できるように、知識と技術をしっかり身につけ、必要な装備を万全にしておかなければならないのだが、そのあたりの見極めができていない登山者が目立つ。知識不足によって、季節感のない登山になってしまっているのだ。

たとえば、天候によっては真冬並みの状況になることもある春山や秋山に、夏山に行くのと同じ感覚で登ってしまう。当然、装備は不充分だし、計画も甘い。夏山の装備でゴールデンウィークの涸沢にやってくる登山者などは、その最たるものだろう。

また、山小屋の営業が終わっていることを知らずに登ってきて、クローズしている山小屋を前に唖然とする登山者もいる。事前に調べておくべきことをやらないのは、温泉地のホテルや旅館のように山小屋も通年営業だと思っているからだろうか。

■経験や体力を過信する登山者

自分の経験や体力を過信して途中でバテてしまい、動けなくなって救助を要請してくる登山者があとを絶たない。何年か前、中房から燕岳に上がってきた登山者が、山小屋に泊まらずそのまま先へ進んでいき、稜線上で力尽きてしまったという騒ぎがあった。通報を受けて現場近くの山小屋の従業員が駆けつけてみたら、その登山者は「もう歩けません」と言って道端に座り込んでいたという。

これは、とくに自称「登山歴ウン十年」の年配登山者によく見られるパターンである。そういう人たちは、昔はバリバリ山登りをやっていたのでプライドが高く、人の言うことを聞こうとしない。「やめたほうがいいですよ」と言っても、「いや、大丈夫です」と言って行ってしまう。たしかに若いころには可能だったかもしれないが、加齢とともに体力は確実に衰える。素直にそのことを受け入れて、無理のない計画を立ててもらいたいものだ。

■メンバーの結束が弱いパーティ

かつては、山に登ってくる登山者といえば、しっかりしたリーダーのもとに統率された山岳部や山岳会のパーティがほとんどだった。しかし、今は管理されることを嫌う風潮が強くなり、気の合った仲間がなんとなく集まって山にやってくるというスタイルが多くなっている。こうしたパーティは、自由気ままといえば聞こえはいいが、パーティを組んでいながら個々でバラバラな行動をとるので、実に始末が悪い。

最初から歩くペースは人それぞれで、ペースの遅い人に合わせることもない。途中で誰かの具合が悪くなっても素知らぬ顔だ。宿泊予定の山小屋では、夕方になっても到着しないメンバーがいて遭難騒ぎになってしまう。

果たして、それで同じパーティといえるのかどうか。単にスタートと集合場所が同じだというだけで、統率のとれていない団体登山のようなものである。もちろん、メンバー同士の結束など望むべくもなく、逆により多くのリスクを抱え込むことになっている。

■単独登山の根強い人気

単独登山についてはさまざまな意見があると思うが、リスクが高いことだけは間違いない。万一、遭難してしまった場合には、最悪の事態になるケースが多いということははっきり言える。

いちばん困るのは、下山予定日までにもどらず、行方不明になったまま、どこへ行ってしまったのかわからないというケースだ。そうなると、捜索に時間がかかるし、隊員も大量動員しなければならない。しかし、夏山シーズンのようにほかにも事故が頻発していると、緊急を要する件案のほうを優先させなければならず、迅速な対応ができず、どうしても捜索は長期化する。それで見つからなければ、当然、ある時点で捜索は打ち切りとなる。

無事に帰ってくるまでずっと心配をしているはずの家族や友人は、どうして単独登山を許してしまうのか。反対しているものの、やむを得ないと諦めてしまうのか。実際の救助を通じていつも切なく感じる点である。

「パーティを組むよりは、単独のほうがより慎重になるので安全だ」という意見もあるが、相対的に見てどうか。自分自身で慎重に判断していただきたい。警察としては「なるべく単独行は控えてください」と言うしかない。

気苦労多き救助隊長

私が初めて救助隊員になった昭和五十七年当時は、まだ中高年の登山ブームが始まっておらず、涸沢あたりは大学生ら若者のパーティで賑わっていた。そのころは「稜線から数百メートル滑落した」というような、現場の救助には非常に厳しい遭難が多かったが、中高年登山者が増えてくるにつれ、「登山道で転倒してケガをした」という類いのイージーな遭難が目立ってきた。登山者層の変化に伴って遭難の形態も変わりはじめたことは確かだ。

その後も、ツアー登山やバックカントリースキーの人気が高まるなど、登山スタイルが変化していくなかで、それまでにはあり得なかったような遭難が起きるようになってきている。最近では、「こんな山にまで登るのか」という低い山や里山にもトレッキング目的の登山者がどんどん入り込むようになり、そうした山での遭難も散見される。

われわれ救助する側としては、このような状況に対応すべく、新たな防止対策を模索していく必要があろう。

ところで私の約十五年間におよぶ救助隊員歴のなかでは、さまざまな思い出深い出来事があったが、隊長を務めた平成十七年からの六年間は、実際の現場で行なう救助活動とはまた違った意味での大変さがあった。

隊長は指揮を執る立場なので、春夏の涸沢常駐のとき以外、現場へ出動していくことはほとんどない。その意味で、肉体的なキツさは隊員時代とは比べようもないが、その代わりに精神的な重圧が重くのしかかってくる。なかでも難しかったのが、ゴーサインを出すか出さないかの判断である。

長野県は国内でも有数の山岳県であるが、そこで生まれ育った私にしても、これだけたくさんの山域があるのだから、そのすべてを知っているわけではない。地理感のある山ならば、リスクの高低をある程度判断することもできるが、知らない山となるとそれが難しい。だからゴーサインを出すべきか、ストップをかけたほうがいいのか、その部分で悩むことが多かった。まだ自分で現場に行っていたほうが判断しやすかったと思う。

そのへんのところは、現場の隊員が「大丈夫だ」というのであれば、なるべくそれを尊重したうえで、最終的に判断を下すようにしていた。ただ、最前線で活動する隊員は、いったん現場に出てしまうと、どうしても突っ走りがちになる傾向がある。そこでうまくブレーキをかけ、より慎重に判断することが求められた。

こうした判断は、隊員に対する信頼がなければできるものではない。そのため重要になってくるのが、訓練などを通して隊員との意思の疎通を図り、また個々の隊員の力量を見極めることである。それがあって初めてこちらも冷静な判断が下せるのだと思う。

現場へ救助に向かうのがヘリコプターであれ地上部隊であれ、ほんとうにヤバそうな状況のときは、救助が無事終わるまではチクリチクリと胃が痛くなる。とくに隊員が条件の悪い現場でビバークせざるを得なくなったときなどは、居ても立ってもいられないほど心配になり、その晩はほとんど眠れず、朝早く起き出して天気をチェックしたりしていた。そうしたからといって、どうにかなるものでもないのだが……。

平成十八年、冬の八ヶ岳で救助活動中の遭対協の隊員が雪崩に巻き込まれたときには、隊員の無事を祈りながら朝まで本部の机に座って現場からの連絡を待ち続けていた。雪のなかから掘り出されて息を吹き返したと聞いたときには、全身の力が抜けるほど安堵したものだった。あのときのような気持ちは、二度と味わいたくない。

　とにかく、二重遭難は絶対に起こしてはいけない。遭難者を助けることはもちろんだが、同時に隊員が無事に帰還してくることも、救助隊員の重要な任務のひとつである。

　私が入隊したころに比べると、今の救助隊は組織的にも充実し、隊員の力量も飛躍的にアップしていると感じる。なにより頼もしいのは、やる気のある県内外の若者が「救助隊員になりたい」と志願してきてくれることである。そういう隊員がたくさん育ってきていることを、心から嬉しく思う。

　平成二十三年の春に私は隊を外れたが、これからも救助隊ＯＢとして隊を見守り、またできる範囲で隊員らの力になっていきたいと思っている。

平成二十三年の夏山　涸沢常駐日誌

七月十六日（土）　晴れ

夏山常駐初日、天候にも恵まれ、晴天のもとでの入山となる。六月上旬に訓練で訪れた際は、常駐基地やテント場はまだ雪の中だったが、今日訪れてみると色とりどりのテントが無数に張られ、あたりも白一色から色鮮やかな景観に変わっていた。

今日は大勢の登山者が涸沢に登ってきた。遭難の発生を危惧していたが、幸い何事もなく、平穏な初日となった（森　賢太）。

七月十七日（日）　晴れ

今日も天気に恵まれ、大勢の登山者が奥穂高岳や北穂高岳など、それぞれの目的地に向かい、涸沢を出発していった。

今日は救助隊員となって初のパトロールへ。涸沢から北穂高岳に登り、稜線を穂高岳山荘まで縦走し、ザイテングラートを通って再び涸沢にもどってきた。どの場所にもたくさんの登山者が列を成しており、本格的な夏山シーズンの到来を実感する。これだけ多くの登山者がいるなかで、今日も幸い涸沢周辺では大きな事故はなかった（森）。

七月十八日（月） 曇りときどき雨

台風の影響か、昨日までの好天が曇りに変わり、ときどき通り雨が降る一日。夏山常駐三日目の連休最終日、今日でいったん下山し、また次の週末に涸沢に来ることになる。多くの登山者も上高地へと下山していき、いっきに寂しくなった。涸沢からの下山中も登山道に人はまばらで、昨日までの混雑がうそのようだった。今日も遭難はなく、われわれも無事下山することができた（森）。

七月二十二日（金） 雨

中三日ぶりの涸沢へは、小雨が降るなかの入山となる。先の海の日の三連休と比べると登山者もテントの数もかなり少なく、涸沢は静かで穏やかな雰囲気であった。この週末も遭難が起きなければいいのだが（森）。

七月二十三日（土）　晴れ

小淵さんと二人でパトロールに出る。先週の三連休のときに弦間係長についてパトロールした逆回りコースをたどった。以前通ったことがある稜線でも、逆回りで行くと様子が全然異なり、とても怖く感じた（森）。

七月二十四日（日）　晴れのち曇り

本来なら下山日となるはずだったが、西穂高岳で遭難事故が発生し、常駐隊の吉田隊長、小厚さん、栃澤さん、そして小淵さんの四人が県警ヘリ「やまびこ」で現場へ向かった。さらに松本からは弦間係長も応援に駆けつけていった。私は基地で連絡要員として待機。現場周辺は天気が悪く、今日中にヘリでピックアップすることができず、現場でのビバークとなってしまった。明日の朝、無事救出となって全隊員が何事もなく帰還しますように（森）。

七月二十五日（月）　曇り

昨日の遭難者は、今日の早朝いちばんで「やまびこ」に無事救助され、出動した隊員も下山することになった。その隊員に合流するため、朝食をとってすぐに涸沢を出発し、横尾に向かって下山した（森）。

七月二十七日（水）　曇りのち雨

十六年連続の涸沢常駐。人は変わっても、山は当時とまったく変わっていない。すれ違う登山者は、中高年登山者に加え若者（とくに女性）も増えてきていると感じたが、この〝山ガール〟ブームが定着するかは、もう二、三年推移を見守ることにしよう。

午後九時三十分、「雨のなかで動けなくなった登山者が救助要請している」と、松本署から連絡が入った。遭難場所、天候、時間等を考慮し、警察官のみの対応として捜索を開始したが、雨と暴風で視界がまったくきかない。二重遭難の可能性が極めて高かったことから、捜索をいったん中断して、翌午前三時から再開することにして待機をしていたところ、午前〇時三十分、動けなくなっていたはずの登山者が稜線の山小屋に到着したとのこと。結果的には自力で歩けたのに、なぜ「動けない」と一一〇番通報をしてきたのか、疑問が残った。

夜間の時間帯に暴風のなかで行動するのも問題だが、安易な救助要請により隊員が二重遭難するリスクが高まってしまうことに、いつもながら考えさせられる（岡田嘉彦）。

七月二十八日（木） 大雨

午前十時に三人で常駐基地を出発し、北穂高岳へパトロール。大雨で道が川のようになっており、滑りやすかった。

この天気のなか、二組のパーティに出会った。一組は六十代と八十代の二名パーティ、もう一組は三十代の単独の女性だったが、ともに「天候が悪いので、出発するか中止するか迷った」と言っていた。「迷うぐらいだったら登らないほうがいい」と注意したが、ここまで登ってきて引き返すわけにもいかず、注意のみにとどめた。

北穂高岳山頂には、やはり登山者は少なかった。北穂高小屋で久しぶりに会った山小屋従業員の温かいもてなしを受ける（岡田）。

七月二十九日（金） 雨

遭難対応のため、八町と前田を北穂高小屋に残し、ひとり涸沢へ下る。基地に到着後は幹部の視察が予定されていたが、天候不良のため中止となった。雨のため登山者も少なく、梅雨にもどった感じである。しかし、雨のなか、単独で黙々と登っている山ガールの姿もちらほらと見られる。山ガールの遭難は少ない。基礎的な登山力がある人が多いのでは、と思う（岡田）。

七月三十日（土） 雨

雨音がしないので、もしやと思って外に出たが、一面ガスのなか。そのうちやっぱり雨が降り出した。

混雑が予想される西穂高岳方面へ石岡がパトロールに出発する。いくら雨といっても、土曜日なので登山者は多いだろうと思っていたが、それほどではなかった。しかし、遭難事故は多発。県下では二件の死亡事故のほか、行方不明や道迷い等の事故があった（岡田）。

七月三十一日（日） 曇りときどき雨

やや天候がよかったことから、県警ヘリおよび防災ヘリに依頼して早朝六時のフライトで遭難救助活動を開始。しかし、思ったほど天候は回復せず、ヘリでの救助はできなかったので、各所で陸上搬送を行なう。悪天候のなかで救助活動は難航したが、なんとか車の入るところまで遭難者を搬送することができた。

搬送途中、悪天候をついて黙々と登る何人もの登山者とすれ違った。声はかけられなかったが、無事到着したか不安がよぎる（岡田）。

八月一日（月） 曇り

涸沢常駐に入って初めて雨が降っていない朝を迎えた。しかし、本日は下山交代日である。

今回の常駐で気がついたのは、山ガールに続いて山キッズも増加していること。以前から子ども連れのファミリー登山者は多かったが、今年はとくに増えているような感じがする。子どもを連れてきている親は、安全管理だけでなく、マナーなどの点でも子どものよき手本になってほしいと願うばかりだ（岡田）。

八月三日（水）　曇り

当初の入山予定であった八月二日より一日遅れで入山、県の事業仕分けに山岳遭難救助活動経費が対象となり、その資料作成等で予定が遅れてしまった。

登山者の入山が最盛期で遭難が多発しており、救助活動や防止対策に大忙しのさなか、その活動費用が必要あるのかないのか、仕分けされなければならないことが非常に悲しい。

涸沢常駐も、今年で最後になってしまうのだろうか（宮﨑茂男）。

八月四日（木）　曇り

八月一日、槍ヶ岳で転倒し負傷した遭難者の救助がようやく終了した。天候が悪くヘリ救助ができずにいたがため、県警と民間の救助隊員が背負い下ろした。民間の隊員は自分たちの本来の仕事を中断して人命救助に協力してくれている。ほんとうにありがたい。

午前中にこの救助が終わったので、午後は涸沢カール内をパトロール。奥穂から下山してきた高齢の登山者から「救助隊の皆さんがパトロールしてくれるので、安

登山者への声かけが、涸沢常駐の重要な任務のひとつでもある

心して登山できます」と感謝の言葉をいただいた（宮崎）。

八月五日（金） 晴れ

朝、涸沢から北穂高岳へ登る登山者に指導を行なう。

七十歳ぐらいの女性が、「北穂から奥穂へ縦走するつもりだが、大丈夫だろうか」と相談に来た。この女性は三年ほど前に同じルートを歩いているのだが、大きな岩を通過するときに怖くなって岩に張り付いていたところ、他の登山者から「もっと岩から体を離さなければダメだ」と助言を受けたそうである。

今回も同じルートをたどるに当たり、その後クサリを設置するなどの整備がされたのかどうか質問してきた。そこで「ルートは今までと変わりはない。不安ならばやめたほうがいい」と助言する。同行の娘さんにとっても初めてのルートとのことだが、「剱岳のカニの横這いなどは通ったことがあるから」と、結局二人で北穂を目指して登っていった。

このほか、涸沢を出発する時点で「足がつる」と言っているのに、北穂へ登っていこうとする高齢の女性も。「行けるところまで行きます」と言うのだが、行けなくなったらどうするのだろう。救助を要請するつもりなのだろうか。

彼女が行くべきところは、北穂でなく下山口のはず（宮﨑）。

八月十二日（金） 晴れ

七月二十五日以来の涸沢入山。隊員激励のため、松本署署長、平出地域管理官、そして小倉係長も同行することになり、四人で涸沢に向かった。前回入山したときはルート上にまだ雪が残っていたが、今日登ってみると雪は消えて、完全に夏山のルートになっていた。涸沢は海の日の連休のときのように多くの登山者で賑わっており、ハイシーズンであることを実感する。

今日は大きな遭難こそなかったものの、〝遭難騒ぎ〟が多発した。いずれの件も大事に至らなくてよかったが、充分注意して登山に臨んでもらいたいものである（森）。

八月十三日（土） 晴れのち雨

脇坂小隊長と大塚さんの三人でパトロールに出る。私だけ北穂高岳をピストンし、二人はキレットを越えて南岳方面へと向かった。今日も大きな遭難事故がなくてよかった（森）。

八月十四日（日） 晴れのち曇り

お盆の今日も涸沢周辺は終日賑やかだった。テントの数は昨日よりも減っていたが、それでも二五〇張ものテントがぎっしりと並ぶ光景は涸沢ならではだろう。

今日は行方不明者がひとり出てしまった。気がかりである。なんとか無事でいてもらいたい（森）。

八月十五日（月） 曇り

長いようで短い夏山常駐も今日で終わり、下山にとりかかる。私にとっては初めての常駐だったが、たくさんの人に支えられて無事終えることができた。登山者の期待に応えられるような隊員を目指し、これからもがんばっていきたいと思う（森）。

第1章　新入時の抱負

私を変えた遭難者のひとこと

水谷直人（茅野警察署　一九七七年、愛知県県出身）

隊員になって一年半が過ぎた平成十六年十月のある日、管内の針ノ木岳針ノ木雪渓の中間付近で、下山中に五十歳代の中年男性が転倒、腰を強打して動けなくなったため、仲間が携帯電話で救助を要請するという事故があった。

このころに始まったことではないが、中高年登山者の遭難事故は右肩上がりに増え続けており、われわれが出動する回数も以前に比べると増えてきていた。しかもこの救助要請が舞い込んできたのは、警察官としての一日の仕事がそろそろ終わる夕刻どきだった。一報を聞いたときには正直言って「またか」と思い、「これから出動していかなければならないのか」と考えると、モチベーションも上がらなかった。

自分から志願し、なりたくてなった救助隊員であったが、今振り返れば、このころは救助隊員の仕事に慣れてきたこともあり、慢心が芽生えはじめていたのだと思う。

本署に着くと、いっしょに救助に向かう片桐係長から「今日は天気が悪いからヘリは無理だ。歩いて救助に行くぞ」と言われた。そのあと、付け足すようにこう言った。

「人を助けるのが、われわれの仕事だからな」

おそらく係長は、私の投げ遣りな気持ちと消極的な態度を見抜いていたのだろう。

通常われわれは、二重遭難を避けるために夜間の救助活動は行なわない。しかし、このときは現場が特定できていたこと、現場付近の山小屋はクローズしていたこと、雪渓上だったので低体温症が心配されたことなどから、「そのまま放ってはおけない」との判断で夜間に出動していくことになった。

救助隊のメンバーは、警察からは私と片桐係長、遭対協の隊員が三人の計五人で、雨のなか、扇沢から入山し、下から針ノ木雪渓を詰めていった。途中であたりはすっかり暗くなり、ヘッドランプを点灯して歩くことになった。

遭難者とその同行者は、雪渓上でわれわれの到着を待っていた。負傷者は腰を強打しており、座ったままの状態で必死に痛みに耐えていた。下半身は自力で動かすことができないという。事態は想像していたより深刻だった。

「明日の朝までヘリを待っている余裕はない。交代で背負うぞ」

係長は私にそう檄《げき》を飛ばしたが、当時の私はまだ新隊員の域を出ていなかった。

それまで経験した現場は、ヘリが出動してすぐに終わってしまうというケースが多く、遭難者を背負って長い距離を歩いて救助したという経験は皆無だった。

おまけに、その遭難者は自称体重六五キロぐらいと言っていたが、同じ六五キロの私よりも明らかに体格がよく、どう見ても八〇キロはあるものと思われた。

ほんとうに私に背負えるのだろうかと不安は膨らむばかりだったが、とにかくやるしかない。遭難者を背負い、暗い足下をライトで照らしながらの、雨でぬかるんだ登山道の下山が始まった。

ひとりが十分ほど背負ったら、次の人に交代することを黙々と繰り返す。遭難者の体重はずっしりと背中に重く、気を抜くとバランスを崩しそうになった。救助隊員としてはかなり小柄な部類に入る私にとっては、なおさら辛く感じられ、「早くこの苦しさから逃れたい」という一心で、足を前に出し続けた。

それは途中で一度だけ休憩をとったときだった。背負われているときは「痛い」

「痛い」としか言わなかった遭難者が、涙を流しながらわれわれにこう言った。

「助けてくれてどうもありがとう。もしあなた方が来てくれなかったら、あのまま死んでいたかもしれません」

彼は何度もそう繰り返した。それを聞いた私は、誰もがケガをしたくて山に来ているわけではないということを忘れ、少しでも「またか」「早く終わればいいのに」と思ってしまった自分自身が情けなくなってしまった。

不思議なもので、遭難者の言葉を聞いたあとはがらりと気持ちが変わり、先ほどまでのネガティブな考えはどこへやら、言いしれぬ使命感で胸がいっぱいになり、自然に足が前へ出ていくようになった。

遭難者を扇沢の登山口に運び下ろし、救急車に引き継いだときには、すでに日付は変わっていた。引き継いだあと、みんなでお互いの労をねぎらうための拍手が自然と沸き起こった。そのあと、係長にこう声をかけられた。

「よくその小さい体で背負ってきたたな。あの遭難者が言った『ありがとう』は本物だぞ」

それまで行なってきた救助活動のなかでも、体力的にはこのときがいちばんキツかったが、これほど達成感のある救助を経験したのは初めてだった。

この救助を通じて再認識したのは、警察官であることの誇りと使命感、人の命の重み、それまでの訓練の意味などだ。救助隊員は、自分たちのがんばり次第で遭難者を救うこともできるし、またその逆もあり得る。そんな重要な責務を背負っているのだということを、改めて考えさせられた事例でもあった。

今、私は茅野署に勤務し、山岳救助隊員も兼任しているが、このときの初心を忘れずに、これからも山岳救助に携わっていきたいと思っている。

「県警さん」と呼ばれて

本庄賢司
（機動隊　一九八〇年、神奈川県出身）

私が警察官を志したのは、山岳救助隊員になりたかったからである。

北海道の大学に通っていた私は、そこでワンダーフォーゲル部に所属し、クライミング以外の登山をひととおり齧《かじ》ってきた。その活動の一環に「遭難対策」があり、地元の警察に足を運んで遭難事故についての話を聞いたりしていた。そのときに感じたのは、「自分たちが山登りを楽しめるのは、陰で支えてくれる救助隊員がいるからだ」ということであり、それが徐々に「大学を卒業したら、今度は自分がその立場になって、山を楽しむ人たちを支えたい」という気持ちになっていった。

そう思いながらも、大学卒業後はしばらくフラフラしていたため、重い腰を上げてようやく長野県の警察官になったときには卒業して五年が経っていた。

ただし、警察官になったからといって救助隊員になれる保証はない。なれないかもしれないなという不安はあったが、夢は追いかけたかった。根本にあったのは

「人を助けたい」という気持ちだったので、最悪、なれなかったとしても、警察官として人命救助に携わっていければいいかなと思っていた。

幸い、警察官になって二年後の平成二十一年春、機動隊への異動と同時に救助隊員への指名を受けた。そのときの気持ちは、夢がかなった喜びと、自分に隊員が務まるのだろうかという不安が半々だった。大学時代にワンダーフォーゲル部に所属していたとはいえ、それほど厳しい山を経験してきているわけではない。しかも、本州の山にはほとんど登ったことがなく、長野の山はおろか地理さえもまったくわからなかった。

そういう意味ではゼロからのスタートであり、まずは長野県内の山を知ることから始めなければならなかった。山を知るには山を歩くのがいちばんであり、訓練やパトロール、涸沢常駐などのときに実際に山を歩くことで、山の地理やルートを覚えていった。

初めての夏山常駐では、二週間弱、山のなかで過ごした。天気はイマイチで、体力的にもキツかったが、たとえ仕事であっても長期間山に入っていられるのは、とても贅沢なことのように感じられた。

パトロールも重要な任務だ。穂高岳で

この常駐のときに驚かされたのは、遭対協の隊員のレベルの高さだった。それは涸沢～横尾～槍ヶ岳～大天井岳～常念岳～横尾～涸沢のコースを、先輩隊員と二人で二泊三日の行程でパトロールに出たときのこと。パトロール二日目の午後、横殴りの雨のなかで、私は寒さと疲労で「自分が低体温症で遭難しちゃうんじゃないか」と思いながら、黙々と足を前に出し続けていた。場所は大天井岳に差しかかったあたりで、時刻はそろそろ一日の行動を終える時間帯になろうとしていた。

「この天気だし、今日はもう何事もなく終わるだろう」

そう思っていたところへ、常念小屋付近で滑落事故が発生したという一報が飛び込んできた。現場はそこから二時間ほどの距離である。ただちにわれわれは、雨のなかを走って現場へと向かった。この時点ですでに体力を消耗していた私は、「このまま力尽きてしまうのではないか」と心配しながらも、必死になって先を急いだ。

その間にも、「常念岳付近にいた遭対協の隊員も現場に向かっている」「ヘリが飛べそうだ」といったやりとりが無線を通して聞こえてくる。「がんばれ、ヘリに負けるなよ」と励ましてくれる先輩隊員に遅れまいと、無我夢中でそのあとを追った。

ようやく現場に到着してみると、ちょうど遭難者がヘリでピックアップされるところで、救助作業はほぼ終わっていた。一連の作業を取り仕切ったのは遭対協の隊員であり、その様子は、現場へ駆けつける間にも無線から伝わってきていた。遭難者の確保、ピックアップの準備、ヘリの誘導などをひとりでこなしてしまうのだから、技術の高さは推して知るべしである。しかも、それは私より若い隊員なのだ。

このときばかりではない。私はまだ遭対協の隊員といっしょにパトロールに出たことはないが、彼らがパトロールを行なっているときの無線を聞いていると、「えっ、もうそんなところまで行っちゃったの」と思うことがよくある。その歩く早さだけでも驚異的といっていい。あるいは、漫画の『岳 みんなの山』の主人公のように、遭難者をひとりで背負って下ろしてきた強者もいた。

長野県の場合、山岳遭難救助は遭対協の隊員の協力があってこそ成り立っている部分が大きく、彼らとの連携なくしての救助活動は考えられない。

とにかく遭対協の隊員の体力・技術レベルの高さは超一級であり、その実力は誰もが認めるところだ。その遭対協の隊員から、われわれ長野県警察山岳遭難救助隊の隊員は「県警さん」と呼ばれており、一目置かれる存在となっている。

それは過去から現在に至る先輩隊員たちが築きあげてきた業績の賜物にほかなら

ないのだが、遭対協の隊員のレベルの足元にも及ばない新隊員の私まで「県警さん」と呼ばれたりすると、逆に自分の体力・技術力のなさが思い浮かんできて、情けない気持ちでいっぱいになる。そんな私でも、県警救助隊の一員であることに変わりはない。

そもそも、いったん現場に出動すれば、新隊員もベテラン隊員も関係ない。遭難者にしてみれば同じ救助隊員であり、新人だろうがベテランだろうが、救助隊員が来てくれたからには「これで助かった」と安堵するはずである。現場においては、「新隊員だから」という甘えはいっさい許されないのだ。

ただ、そうは言っても先輩隊員や遭対協の隊員との実力差はいかんともしがたい。「県警さん」と呼ばれる以上、一日でも早くそれに相応《ふさわ》しい実力を身につけて、いずれは彼らを引っ張っていけるような存在になりたいと思っている。

初パトロールで受けた救助隊の洗礼

小渕 繁（茅野警察署 一九八一年、長野県出身）

毎年の春のゴールデンウィーク、茅野警察署に配属されている山岳救助隊員は、管轄する八ヶ岳連峰に登って春山パトロールを行なう。春というと、一般的には暖かな日差しのもとで花がほころびはじめるといったイメージがあるかもしれないが、山の春はまた別物である。登山道のいたるところにはまだ雪が残り、夜になれば気温は氷点下まで下がることもあり、ひとたび天気が崩れれば雪が降ることも珍しくない。

山岳救助隊員の拝命を受けた私が、初めての春山パトロールに意気込んで臨んだのは、平成十八年のゴールデンウィークのことであった。

パトロールは、主に南八ヶ岳を中心に、長野県警の山岳救助隊員二人と民間の遭対協隊員二人の混合部隊で実施される。初日の行程は、美濃戸から入山し、北沢、赤岳鉱泉、行者小屋、地蔵尾根を経て赤岳天望荘まで。とくに厳しいコースというわけではないが、ビックリしたのは遭対協の民間救助隊員の足の速さだ。

大学時代、私はワンダーフォーゲル部に所属しており、北アルプスや南アルプスをはじめ、北は北海道の大雪山から南は西表島の山まで、日本全国のいろいろな山に登ってきた。ワンダーフォーゲル部とはいえ、いちおう体育会系の部だったので、厳しい山登りも経験していたし、それがあったからこそ自分から進んで山岳救助隊に志願したのである。

ところが、遭対協の隊員の体力はハンパではなかった。私も多少体力には自信があったのだが、まったくついていくことができず、あげくには足がつってしまう始末。県警の先輩隊員からも「しっかりついてこい」と気合を入れられ、パトロール一日目にして早くも私の自信は跡形もなく崩壊してしまったのだった。

それでもどうにかこうにか赤岳天望荘まではたどり着いた。虫の息になりながら、「ああ、これで今日は休むことができる」と思って山荘の中に入り、どっかと腰を下ろすと、もう立ち上がることさえ億劫《おっくう》になってきた。

だが、休むことができたのはほんのわずかな時間だった。着いて三十分もしないうちに、小屋のご主人から「向こうの尾根で登山者が滑落したようだ」との知らせがもたらされたのである。一瞬、我が耳を疑ったが、聞き間違いであるはずがない。先輩隊員は、早々に出動準備にとりかかっている。

今だからこそ白状するが、このときの私は、疲労困憊のあまり「もう動きたくない」と思っていた。なによりいちばん不安だったのは、「こんなに疲れ果てていて、ちゃんと救助活動ができるだろうか」ということだった。隊員に任命されてまだ間もないときで、実際の救助の経験は一度もなく、なにをすればいいのかもまったくわからなかった。

ただ、そんな私の気持ちなど、先輩隊員はとうにお見通しだったようだ。

「小淵は小屋で待機していろ」

そのひとことで私は小屋に残ることになり、ほかの三人の先輩隊員が救助に出動していった。無理して連れていっても、足手まといになるだけだと思われたのかもしれない。正直、そう言われてホッとしたところもあったのは事実である。

事故現場は天望荘から五〇〇メートルほど横岳方面に行ったところで、小屋から現場を確認できた。私は山小屋のご主人と二人で山小屋の屋根の上に登り、先輩救助隊員の活動の一部始終を双眼鏡で見ていた。

遭難者は尾根から沢に数百メートル滑落しており、先輩隊員が稜線から現場へと下降していって、ヘリコプターによるピックアップの準備を整えた。やがてヘリコプターが飛んできて遭難者をピックアップしたかと思うと、あっという間に飛び去っていった。すべてが終わるまでに要した時間は一時間ほど。その素早いことといったら想像していた以上で、あれよあれよという間に終わってしまった。

迅速な救助のおかげで、遭難者は一命をとりとめることができた。救助活動中、私はただその様子を見守っていることしかできなかった。そんな自分の不甲斐なさが情けなく、小屋に戻ってきた先輩隊員に申し訳なさを感じていた。

救助終了後、それまでの行動と初めての救助活動による精神的緊張から疲労がピークに達していた私は、今度こそ間違いなく休めるものとばかり思っていた。しかし、救助を終えてもどってきた先輩隊員の口から出たのは、非情なひとことだった。

「よし、それじゃあ今から小屋の裏の斜面で雪上訓練を行なおう」

え？　まさか。そんなバカな……。はじめは冗談かと思ったが、冗談ではなかった。小屋で待機中、私は体を休めることができたが、先輩隊員はずっと動きっぱなしである。そのタフネスぶりに舌を巻きつつ、ヘロヘロの状態で訓練にとりかかったのであった。

　このときの経験によって、救助隊の仕事というのは、生半可な気持ちでは体力的にも精神的にもついていけないことを思い知らされた。と同時に、「苦しいときこそ歯を食いしばってやらなければならないことがある」ということを教えられたような気がする。

すべての基本は厳しい訓練にあり

前田茂喜（機動隊　一九八三年、長野県出身）

私が警察官になったのは平成十八年四月のことである。ただし、それは長野県警ではなく山梨県警での採用だった。その一年半後、長野県の警察官試験を受け直してこれに合格し、改めて警察官としての再スタートを切ることになった。山梨県警から長野県警に移ったのは、長野に住む家族の事情から、実家に近いところで働いたほうがいいと思ったからだ。また、長野で生まれ育ったので、長野県民のために恩返しをしたいという気持ちもあった。

警察官になるまで登山経験はほとんどなかったが、山梨県警にいたときに半年間、山岳救助隊員に指名されていた。長野県警に来てからも自ら隊員を志願したのは、助け出した遭難者に感謝されたときの喜びが忘れられなかったからだ。

山梨県警時代には、実際の現場で遭難者を担いで下ろしたこともあったし、ヘリコプターからのホイスト訓練も行なっていた。救助の基本的なノウハウについてはだいたいわかっていたので、とくに戸惑いはなかった。ただ、訓練がまさかここまで厳しいとは思っていなかった。そのなかでもとくに過酷だったのは、遭難者を背負って岩場を懸垂下降する訓練と、重い土嚢を詰めたザックを背負って山に登るボッカ訓練である。

懸垂下降の訓練では、背負っている人の体重がそのまま自分にのしかかってくるので、ロープに制動をかける手はパンパンになるし、空中で体は引っ繰り返るしと、体にかかる負担は尋常ではない。こんな方法で遭難者を下ろしていたら絶対に体がもたないと思っていたら、今度はエイト環を使用して過重を振り分けて下ろす方法を教えられた。その方法でやってみると、「こんな簡単な方法があったのか」と感動を覚えるぐらい楽に下ろすことができた。今思えば、最初に非効率的な方法を何度もやらされたのは、実際に厳しい現場に直面したときでも対応できるだけの根性を培うためだったのだろう。

ところで岩場での救助作業には、ロープや登攀具を使った複雑なシステム構築が必要となる。困ったことに、私はもの覚えがあまりよくなく、かつ忘れやすいときていたので、ロープの結び方や支点のセットの仕方、遭難者と救助隊員の位置関係などがなかなか覚えられなかった。そこで取り入れてみたのが、図に描いて理解するという方法である。これが正解だった。図に描くことによってロープの流れが一目瞭然となり、システムの仕組みが理解できるようになった。また、状況に応じて違うシステムをセットするときにも役立っている。複雑なシステムを一から理解するには、図に描いてみるのがいちばんである。

さて、もうひとつのボッカ訓練は、遭難者を背負って山道を搬送することを想定して行なわれる。背負うのは人だったり土嚢だったりするが、やはりダイレクトに肩に荷重がかかってくる土嚢のほうがキツい。背負う土嚢の重さは三〇キロ。これを大きなザックに入れて往復約三時間の山道を歩くのだが、そのザックが今どきのいいザックではなく、肩にもろに負担がかかってくる古いザックなのだ。肩に食い込むショルダーベルトの痛みを少しでも軽減させるため、経験の浅い隊員はみんな背中を丸め、あり得ないような姿勢で歩いている。一般の登山者が見たらきっとびっくりするだろう。

体力を鍛えるだけではなく、精神力を養うことも目的に行なわれるこの訓練、新人隊員にはただ苦しいだけだが、先輩隊員にとっては「ちょっと行ってくるか」程

新人隊員の訓練は、主に物見の岩で行なわれる

度の感覚のようで、同じ条件で訓練を行なっているのに平然としている。先輩隊員の頑強さには驚くばかりだ。

訓練のときでさえ、自分のことだけでいっぱいいっぱいなのに、これで遭難者を背負ったら、と考えると先行きが見えなくなるような気持ちになってしまったこともあった。だが、逆に言えば、現場で慌てたりバテたりすることなく、迅速で的確な救助を行なうためには、厳しい訓練が欠かせない。いざ現場に行ってみたら、ふだん訓練でやってきたことができなくなってしまう、という話も先輩隊員から聞かされている。そうならないようにするには、何度も反復して訓練を行ない、体に染み込ませるしかない。すべての基本は訓練にあり、厳しい訓練を積めば積むほど、実際の現場でそれが活きてくる。

長野県警山岳遭難救助隊は、全国でもトップクラスの実力と経験を備えている。その一員になった以上、看板を汚さないよう早く一人前と認められる救助隊員になって、遭難救助活動に貢献したいと思っている。

心のこもった遭難者の「ありがとう」

大塚　慧（大町警察署　一九八六年、長野県出身）

遭難者を初めて救助したのは、二回目の出動のときだった。

平成二十一年の七月七日、二泊三日の行程で唐松岳から五竜岳へと縦走していた三十歳代の単独行の女性登山者が、遠見尾根を下山中に道に迷い、残雪上で足を滑らせて約七〇メートル滑落し、足を骨折して行動不能になってしまった。事故の発生は午前九時五十分で、本人が携帯電話で直接救助を要請してきた。

その日、非番だった私は、昼前に大町署から「遠見尾根でケガ人が出た。救助しにいってくれ」と連絡を受け、急いで準備を整えて現場へと向かった。そのときにはすでに先発隊が出動しており、私は遭対協の隊員らの後発隊に加わった。

当日は雨が降っていて視界が悪く、スタート時間も遅かったので、最初からビバークになる公算が高かった。救助用具とビバーク用具が一式入ったザックは重く、ようやく現場に到着してみると、先発隊が遭難者を稜線に引き上げ終えたあとだった。しかし、そのころにはあたりが薄暗くなっており、遭難者のケガの具合や疲労度、悪天候、視界の悪さなどから、予想していたとおりそこでビバークして明日の朝を待つことになった。

私にとっては初めてのビバークだったが、一晩中降り続いた雨のせいか気温はかなり低く、とても七月とは思えないほどの寒さだった。ほんとうに凍死してしまうのではないかと思うぐらい寒く、ツエルトの中で膝を抱えて座ったまま、ずっとガタガタ震えていた。

震えながら朝を待つ間、いっしょのツエルトに入っていた係長は、いろいろな話をしてくれた。そのなかでもとくに印象深かったのは、遭難者を背負うときの注意点の話だ。

「隊員のなにげない言葉で、遭難者が傷つくことがあるから、言葉遣いには気をつけろよ。『重い』『疲れた』などというのは禁句だからな。だったらまだなにも喋らないほうがいい」

係長が言ったことは、当事者の立場になってみなければわからないことであり、遭難者の気持ちになって行動することの大切さを教えられた。

雨は朝になっても降り止まず、ヘリでの救助が見込めないことから、遭難者を交代で背負って下ろすことになった。遭難者を背負うのも、私にとっては初めての経験である。

実際に背負ってみると、遭難者が歯を食いしばって痛みを我慢している気配が背中越しにひしひしと伝わってきた。「要救助者はずっと痛みに耐えているんだから、そのことを考えて行動するように」「まわりをよく見て、背負っている人の足が木や岩などに当たらないように気をつけろ」という係長の言葉が何度も脳裏をかすめる。

「早くこの人を痛みや苦しみから解放してあげたい」

そう思いながら、なるべく振動を与えないようにそろりそろりと下りていった。しかし、雨に濡れた登山道の足場は悪く、残雪もあった。おまけに慣れていないときているので、どうしても振動が伝わってしまう。そのたびに、痛みで「うっ」と緊張する様子が背中越しに感じられた。ちょっとした振動でも、かなり傷に響くのだろう。それでも遭難者はものすごく我慢強い人だったようで、一度も「痛い」とは言わなかったし、愚痴ひとつこぼさず、ふた言目には「すみません」と謝っていた。だったらなおさら、背負うキツさを本人の前では口に出すことなどできはしない。

やっとの思いで山を下り、救急車に引き継ぐときに「よくがんばりましたね」と声をかけると、要救助者は安心した様子で「ほんとうにお世話になりました。どうもありがとうございました」と答えた。彼女が言った「ありがとう」は心からの感謝の気持ちであることが伝わってきて、とても心地よく感じられた。その言葉を聞けたことだけでも、山岳救助隊に入ってよかったと思うことができた。

その後は現場に出動する回数も徐々に増えて、さまざまな経験を少しずつ積むようになってきた。ときには、というか救助活動のほとんどは厳しく辛いことばかりだが、遭難者を救助したあとの達成感は言葉では言い表わせない。また、遭難者の心のこもった感謝の言葉も、この仕事をやっていくうえでの大きな原動力になっている。

まだまだ山のスキルも知識も不充分な新人隊員の域を出ていない私だが、これからも訓練と経験を重ね、登山者に頼られ、また尊敬される救助隊員になりたいと思っている。

遭難救助に大切なチームワーク

河西斎哲（元山岳遭難救助隊　一九八四年、長野県出身）

目の前を落石が

平成十九年四月、八ヶ岳連峰を管轄する茅野署の山岳遭難救助隊員の増員に伴い、伝統ある同隊の制服に袖を通すこととなった。

右も左もわからないまま、四月中旬から厳しい訓練が始まった。学生時代にはスピードスケートの長距離をやっていたので、体力には多少なりとも自信があった。だけど登山とスピードスケートはまったく別物だった。基本的なロープワーク、人を背負っての歩行、目が眩むほどの高さからの降下など、新人隊員に課せられる訓練は山のようにあり、やっていくうちに「これは厳しいな」と感じはじめていた。

徐々に訓練についていけなくなっていく自分に対するいらだち、そしてこれから救助隊員としてやっていけるのかという不安。そんな気持ちを引きずったまま、ゴールデンウィークの八ヶ岳連峰でのパトロール、五〜六月の訓練を乗り越えてきた。

このころになると、少しずつではあるが、訓練を重ねることによって救助隊員であることの自覚も芽生えはじめていた。

そして忘れもしない七月二日、私にとって初めて現場に出動する日が突如やってきた。梅雨の真っ只中のその日は、朝から激しい雨が降っていた。

通常の警察官としての任務に就いていた私の携帯電話に、遭難事故発生の報せが飛び込んできたのは昼前のことである。遭難者は社会人山岳会に所属する二人パーティのうちのひとりで、登山中に道に迷って滑落したとのことであった。

二人は前日、美濃戸口から御小屋尾根を経由して阿弥陀岳に登り、行者小屋で宿泊。この日は赤岳鉱泉を経て硫黄岳に登り、夏沢鉱泉方面に下山する予定だった。ところが、赤岳鉱泉から赤岩ノ頭に向かう途中、樹林帯のなかで濃い霧に巻かれたこともあり、正規のルートから外れて踏み跡に入り込んでいってしまった。稜線に出ないうちに間違いに気づき、たどってきた踏み跡を引き返しはじめたものの、ひとりが突風でバランスを崩し、足を滑らせて一〇メートルほど滑落してしまったのだった。

事故の発生は十一時五分。同行者が携帯電話で救助要請をしてきたが、道に迷っているうえ、濃い霧のなかにいるため、現在地がまったくわからないという。

悪天候のためヘリコプターでの捜索・救助活動ができない以上、地上から捜索する以外に手はない。しかし、そうなると茅野警察署の救助隊員だけではとても手が足りないので、諏訪地区山岳遭難防止対策協会（諏訪地区遭対協）の田中光彦救助隊長を通じ、民間の救助隊員を招集してもらうことになった。と同時に硫黄岳山荘にも協力を要請し、これを受けて従業員二人がひと足早く捜索を開始した。

しばらくして「硫黄岳山荘から赤岩ノ頭までを捜索するも発見できず」という連絡が入り、さらに捜索の続行をお願いしたところ、午後一時四十五分に「遭難者発見」の一報が入った。現場は横岳西壁の大同心基部の南方で、山荘の従業員は遭難者の同行者と合流したとのことだった。

事故現場となった大同心は、ゴールデンウィークのパトロールのときに私が初めて覚えた岩場の名称である。横岳西壁にほぼ垂直にそびえ立っている大きな岩峰で、そこに一般の登山ルートはなく、上級者向けのクライミングルートが何本かあるだけだ。視界が悪いなか、二人は登攀ルートの取付の踏み跡を登山道と間違えてしまったのだろう。

午後二時、八ヶ岳を知り尽くした田中隊長以下五人の民間救助隊員と、われわれ県警の救助隊員三人の計八人が、山麓の八ヶ岳山荘に集結した。これだけの人数をそろえたのは、人力搬送を前提としてのことだ。

北沢の堰堤広場までは車で入れるが、この先は歩いて現場に向かわなければならない。救助に必要な装備をザックに詰めて、行動を開始する。

天気はますます悪くなっているようで、より激しい雨が降り続いていた。北沢の増水により登山道の状況は一変し、まるで川のようになっていた。さながら沢の徒渉のようにして登山道を駆け上がり、あっという間に赤岳鉱泉に到着。天気がよければ現場の大同心が見えるのだが、雲に覆われていてなにも見えなかった。

その間にも、現場の状況が逐次、無線で報告されてきた。事態は急を要していた。赤岳鉱泉で必要最小限の装備を私のザックにまとめ、再び先を急ぐ。

鉱泉を出発しすぐに正規の登山道から外れ、大同心へと続くルートに入った。獣道のような踏み跡は流れと化していて、そこを登っていくのはほとんど沢登りのようであった。

一刻を争うため、おのずと歩くスピードは速くなった。先頭を引っ張るのは、カモシカのような脚力の遭対協隊員・高橋政男氏だ。二番手は同じ遭対協の西乃園徹隊員、そのうしろに県警救助隊の櫛引係長と私が続いた。

あまりの速さに遅れはじめる隊員も出てきて、ふとうしろを振り返ってみたら、誰もついてきていなかった。ざんざん降りの雨のなかではあり得ないスピードであったが、諏訪地区でも一、二を争う足の速い二人が先頭を切っていたのだから、そうなるのも当然だった。ちょっとペースを落とせば楽になれると思ったが、ほとんどの装備を背負っている私が遅れるわけにはいかず、がむしゃらになって三人のあとについていった。

樹林帯を抜けると、ほぼ垂直な岩場が突如目の前に現われた。

「これが大同心か……」

強い雨は弱まる気配もなく、周囲は濃い霧に包まれていて、状況はまったくわからなかった。

大同心への取付は、岩場のトラバースルートとなる。そこに取り付こうとしたときに、突然、ドンという音を立てて、私の右斜め前方になにかが落ちてきた。それは、大人の頭くらいの大きさの石だった。距離にして一メートルあるかないか。ヘルメットを被ってはいたものの、直撃されていたらアウトだっただろう。八ヶ岳の岩質はもろく、とくに雨の日は落石が多くなる。細心の注意を払わなくてはと、今一度気を引き締めた。

トラバースルートは大同心の基部を右に巻くように付けられており、ひとりがやっと歩けるほどの道幅であった。右側は垂直に落ちる崖となっていて、「ここはストンと落ちているぞ」と言われたが、ガスでなにも見えなかったので恐怖感を覚えずにすんだ。後日、再びここを訪れたとき、すごい角度で落ち込んでいる岩場を目にして、「あのときはガスがかかっていてよかったな」と思ったものだった。もしすっぱり切れ落ちているのが見えていたら、通過するのを躊躇していたかもしれない。

初出動で得たもの

約一〇〇メートルほどトラバースしていって、大同心ルンゼに出たところが現場だった。到着時刻は午後四時五分。堰堤を出発してから二時間もかかっていなかった。現場には、遭難者と付き添いの硫黄岳山荘の従業員がいた。遭難者の同行者は、もうひとりの従業員に付き添われて山荘に向かったという。

遭難者は六十七歳の女性で、その場にうずくまっていた。どうにか意識はあるものの、頭部からの出血がひどく、服も雨で濡れていた。止血と保温はされていたので、もう一度、止血をし直し、ただちに背負い搬送の準備にとりかかった。間もなくして遅れていた隊員も到着し、役割分担をしてトラバースルートにフィックスロープを張り、遭難者にレスキューキャリングラック（ヘリでの吊り上げも可能な、背負い搬送用のハーネス）を装着した。生の現場が初めてだった私は、なにをしたらいいのかわからず、ただ戸惑うばかり。ほとんど役には立てず、気がついたら準備は終わっていた。

午後四時二十分、背負い搬送を開始する。まずは櫛引係長が遭難者を背負い、私がうしろから補助しながら大同心の基部まで搬送した。その先は急峻な下り坂の岩場となるため、遭難者を背負ったまま懸垂下降をすることとなった。そこで指名されたのが私だった。

これまでの訓練で要領はわかっているが、実践でいきなり「やれ」と言われ、さすがに躊躇した。しかし、時間が経つにつれ容態が悪化する遭難者を前に、迷っている場合ではなかった。

ロープをセットし、遭難者を背負って懸垂下降を開始したが、濃い霧のため見通しがなく、しかもロープが濡れているせいで思うように流れてくれない。「なかなか訓練のようにはいかないものだな」と、つくづく実感した。なんとか足場のいいところまで下りてきたときには、思わずホッと安堵のため息が漏れていた。

だが、安心している暇はなかった。遭難者はわれわれの問いかけになんとか答えていたが、明らかに反応は弱まりつつあった。遭難者の夫にはすでに連絡がついており、こちらに向かってきているはずだった。「がんばれ」「下でご主人が待っているぞ」というわれわれの励ましに、最初のうちは「はい」という返事が返ってきていたが、しばらくすると返ってこなくなった。それでも「もうちょっとの辛抱だ」「がんばれ」と声をかけ続けた。

隊員の交代をこまめにしての背負い搬送が続く。懸垂下降も一ピッチずつで背負う人を交代した。背中越しに命の重さが伝わってくる。ひとりひとりがそれぞれの役割を精一杯こなしているうちに、いつの間にかチームとしてリズムが生まれていた。気がつけば、そのリズムに乗って黙々と作業を行なっている私がいた。そのときは、がむしゃらでなにも考えていなかった。今の自分にできることを精一杯やろうという気持ちだけだった。

樹林帯に入ったところであたりが暗くなってきたので、ヘッドランプをつけた。一刻も早く病院へ運んであげたいが、暗闇でより視界が悪くなり、雨のため足元は滑りやすく、しかも木や岩に遭難者の足をぶつけないように気を遣わなければならないので、どうしても慎重な歩行となり、それなりに時間がかかってしまう。

ようやく小屋の灯りが見えてきたときには、一瞬だけだったがホッとした。午後六時二十五分、赤岳鉱泉着。軽い休憩をとり、水分を補給して再び搬送を再開する。遭難者は、すでにこちらの呼びかけには反応しなくなっていた。雨は弱まってきていたが、暗闇と滑りやすい道により、作業はなかなかスムーズには運ばない。

警察車両を停めてある堰堤広場に着いたのは、七時四十五分だった。そこから警察車両で遭難者を美濃戸山荘まで搬送し、救急隊へと引き継いだ。遭難者は呼吸停止状態に陥っていたが、「なんとか助かってもらいたい」と願いながら救急車を見送った。

だが、思いは通じず、搬送先の病院で死亡が確認されたことを、あとで知らされた。私の初出動では、残念ながら遭難者の命を救ってあげることはできなかった。

「天候がよくヘリが飛んでいれば、助かっていたのでは……」「私の技術がもっとあれば、どうにかしてあげられたのでは……」などと、ついいろいろなことを考えてしまい、しばらくはやりきれない気持ちでいっぱいだった。

その一方で、この事例を通して得たものも少なくなかった。

山岳遭難救助はひとりの力だけでできるものではなく、何人もの力を合わせなければ対処できないこともある。そのなかでは、隊員全員の足並みがそろわなければ救助は成り立たないし、思わぬ危険を招くことにもなりかねない。足手まといにならず、安全かつ迅速な救助活動を行なうためにも、厳しい訓練に耐えなければならないということを改めて実感した。

それとともに再認識したのがチームワークの重要性だ。遭難救助には、一一ミリのナイロンロープが使われる。隊員の気持ちをひとつにしなければ、その細いロープに命を託すことはできない。互いに姿を確認できない垂直の壁での作業時には、ロープから伝わってくる感触で相手の状況を推測することもある。張りすぎず、緩めすぎず。救助を成功に導くためになにより必要なのは、相手を思いやり、また信頼する気持ちなのである。

早く一人前の救助隊員に

武田祐也（安曇野警察署　一九八五年、長野県出身）

山岳遭難救助の仕事に興味を持ったのは、警察学校時代に担任教官が「多岐にわたる警察の仕事にはこんな仕事もある」と言って見せられた一本のビデオテープがきっかけだった。そのテープには、ヘリコプターを使っての遭難者の吊り上げや、救助活動中の隊員と遭難者のやり取り、街中でのザックを背負っての訓練の様子などが記録されていた。

それまで、警察が山の遭難救助の仕事をしていることは知らなかったが、これを見て自分も救助する側に立った仕事をしてみたいと思うようになり、救助隊への入隊希望を出した。その希望が現実のものとなったのは、警察官になって一年が経った平成二十一年春のことであった。

とはいっても、登山の経験や知識がほとんどないゼロからのスタートである。最初のうちは登山用具の名前すらわからず、先輩隊員に「××持ってこい」と言われても戸惑うばかり。パトロールに行けば行ったで、一般の中高年登山者よりも知識がないことが露呈され、しどろもどろになったこともたびたびだった。

　そんな先行き不安な状態で四カ月が過ぎ、隊員になって初めて迎えた夏山シーズン、私は柄澤係長に連れられて燕岳〜大天井岳〜常念岳〜蝶ヶ岳のルートを二泊三日でパトロールした。一日目は燕山荘に泊まり、翌日は常念岳へ。表銀座・常念山脈の危険箇所や、登山者に対するアドバイスの仕方などを教えてもらいながら稜線をたどり、夕方、常念小屋にたどり着いた。

　一日の行動を終え、ホッとひと息ついていると、われわれが山岳救助隊員であることを知った五十歳代ぐらいの女性登山者が相談にやってきた。この日、縦走中に段差で転倒し、足を捻挫してしまったのだという。自力で歩けるかどうかは微妙な感じだったが、無理はさせられない。無理して歩かせて転滑落でもしたら、それこそ取り返しのつかないことになってしまうので、翌日の天気を見て、条件がよければヘリで下ろそうということになった。

　しかし、夜が明けてみるとあいにくの雨。ヘリは出動できないというので、われわれが女性に付き添って下山することになった。女性はどうにか自力で歩けそうだったため、足の痛みを我慢して空身で歩いてもらい、彼女の荷物は私が持った。私は自分のザックと女性のザックのふたつを担ぐことになったわけだが、女性の大きなザックには約一週間分の装備が入っているそうで、ザックの重さはふたつ合わせて五〇キロ近くにもなった。

おまけに柄澤係長からは「お前が気をつけて見ているんだぞ」と言われ、女性の一挙手一投足にずっと注意を払っていなければならなかった。「これでケガ人になにかあったらどうしよう」と気が気ではなく、かつてない重荷を背負ったことで体力的な不安もあり、まったく余裕を持てないまま青息吐息で登山口まで下りていった。

現場らしい現場はこのときが初めてだったが、その後も何度か出動する機会があり、また訓練等を積んでいくうちに、少しずつ知識や技術を覚えていった。

「ひとつ手順を間違えば、自分の手に負えなくなり、パニックになって事故を引き起こすことになる」

「できないことは現場でやるな。完全にできるようになってからやれ」

先輩隊員のそうした貴重なアドバイスが、最近になってようやく自分の実体験として理解できるようになってきた気がする。

ただ、私が勤務する安曇野署は、燕岳周辺や常念山脈を主に管轄しており、槍・穂高連峰や白馬・後立山連峰などと比べると遭難事故の発生件数そのものが少なく、ゴールデンウィークや夏山の常駐活動もない。また、ふだんは交番勤務をしているため、救助訓練を行なえるのも一カ月に一回ほどである。機動隊に所属する救助隊員と比較すると明らかに訓練が足りないし、現場に出動する回数も全然違うので、技術の習得もなかなか進まない。

もし希望が通るのであれば、今一度、基礎をしっかりと固めるために、機動隊に入ってもっとたくさん経験や訓練を積みたいと思う。

まだまだ慣れないことばかりだが、救助隊員を志した以上、早く一人前の救助隊員となって、ひとりでも多くの遭難者を救助することを目標に、これからもがんばっていきたい。

第2章　ヘリコプター・レスキュー

航空隊黎明期の思い出

中嶋　豊（元山岳遭難救助隊隊長　一九五二年、長野県出身）

長野県警にヘリが来た！

長野県警の救助隊の正式名称は、「長野県警察山岳遭難救助隊」という。「山岳警備隊」と称している県もあるが、本県では「救助隊」という名称が訓令で決められている。

救助隊員の数は現在二十七人だが、私が現役隊員だった昭和五十一年ごろは、機動隊の山岳分隊十人のほか、北アルプスを管轄する豊科署と大町署に数人が指名されていただけだった。ちなみに機動隊はその道のエキスパートを集めた少数精鋭の部隊で、本県では山岳救助のほか、スキューバを含むレスキュー部隊などを擁している。

長野県内における山岳遭難事故の発生件数は全国最多であり、年間二〇〇件前後を数える遭難事故に、わずか二十七人の隊員で対応している。隊員は「この任務は俺たちにしかできない」との使命感や自負心を持ち、日々、命懸けで活動している。

近年は職業の選択肢のひとつとして救助隊員を志す若い人もいるようで、「どうすれば警察の救助隊員になれるのか」と尋ねられることも多くなった。

長野県警の救助隊員になるには、言うまでもないが、まず警察官の採用試験を受けて本県警察官になる必要がある。試験に合格した者は警察学校に入校し、六カ月〜一年間教育を受けたのち、各警察署の交番に配置される。交番で数年の勤務後、それぞれ専門の部署に配属されるわけであるが、必ずしも部署や勤務地について希望が通るとはかぎらない。たとえば「憧れの刑事になりたい」と希望していても、人事異動通知書という紙一枚で希望外の部署への配属を命じられることもある。それは救助隊員を志している者も変わらない。ましてや二十七人という救助隊員のうち、隊長・副隊長や班長などを除いた隊員の定員は、せいぜい十数名しかない狭き門である。

もっとも最近は、個人の能力が活かせる人事がなされるようになってきたが、救助隊の場合も、希望者や登山経験者が指名されるケースが多くなり、県内外から救助隊員を志望してくる者もいる。

私の場合、登山の経験があったわけではないが、八ヶ岳と浅間山を一望できる田舎で育ったせいもあって、山は常に近しい存在だった。そうしたバックボーンがあったからであろうか、ある年、職場のレクリエーションで悪天候のなか、涸沢から北穂高岳に初めて登ったときに「こんな世界もあるのか」と深く感動したのがきっかけで、山岳救助の世界に足を踏み入れることになった。

その後、救助隊員になって六年目の昭和五十五年、当時、北アルプス南部を管轄する豊科署から本部外勤課の救助係に配属されていた私は、救助技術研修のためオーストリアやフランスなどに派遣されるという機会に恵まれた。このときに本場ヨーロッパ・アルプスで救助技術を学び、帰国した翌年、発足したばかりの県警航空隊に異動を命じられ、以降、ヘリコプターによる救助活動に従事することになる。

長野県警に初めてヘリコプターが導入されたのは昭和五十六年五月のことであるが、それ以前は、民間ヘリや陸上自衛隊ヘリの出動を要請し、そこに県警救助隊員が搭乗して捜索や救助活動に当たっていた。ただし、民間ヘリは迅速性に優れるものの費用負担について当事者の承諾が必要になるなどの煩わしさがあり、一方の自衛隊ヘリの出動は要請手続きを踏まなければならないため、出動までに時間がかかるという欠点があった。

それでも現場の状況などにより地上部隊が歩いて救助に向かうのが困難な場合、とくに冬山遭難の救助において、ヘリコプターは欠かすことのできない存在であった。だから県警ヘリの導入によって、より迅速で安全性の高い救助活動が可能になったことは、救助隊にとっても大きな進歩だった。

しかし、県警にヘリが導入されたからといって、すべての救助に対応が可能になったわけではなかった。二〇〇〇メートルを超す急峻なアルプスの稜線や岩壁、狭い沢筋では、ガスや気流が複雑に渦巻いている。そこで救助活動を行なうには、パイロットの腕前はもとよりヘリコプターの性能が問われることになる。その点、長野県警に導入されたベル式二二二型のヘリコプター（通称「やまびこ」）は、車でいえば高級車の部類に入るものだった。要するにスピードは速いのだが、ダンプカーのようなパワーが備わっていなかった。機体の重量が重すぎるため、高々度でのパワーが不充分だったのだ。

たとえば山岳遭難救助に必要不可欠なホバリング（空中停止）は、平地でさえ難しい操縦技術であるのだが、それを気流が不安定な高々度の、しかも険しい地形のなかで行なわなければならない。機体が重ければ重いほど、ホバリングは困難になってくるのだ。

また、着陸しないで行なう救助の場合、ホイスト（機体に装備された救助用のワイヤーウインチ）を使用するのだが、「やまびこ」に装備されたホイストは二十数メートルしか延ばせず、引き上げ能力も一三六キロしかなかった。一度に二人を吊り上げることもできなかったのである（現在の二代目「やまびこ」はワイヤーを約八〇メートルまで延ばすことができ、引き上げ能力も二七二キロまで可能となり、大幅に性能がアップしている）。ちなみ当時活躍していた東邦航空のヘリは、一度に八〇〇キロもの荷を運ぶことができた。片や、同じ条件で「やまびこ」はたった一〇〇キロ。隊員が二人乗れば離陸が厳しかったほど、性能に差があった。

こうした事実は、ヘリコプターに関する知識に乏しく、ヘリならどれも同じだと思っていた関係者に大きなショックを与えた。救助活動の出番もおのずとかぎられ、マスコミには「使えないヘリ」「飛べないヘリ、救助に不向き」などと大きく報じられてしまった。

しかし、性能ギリギリで機体をきしませながら飛行している「やまびこ」に、私はこのうえない愛着を感じていた。

飛べないヘリを飛ばせ

さて、通常ヘリコプターは、海抜○メートルを飛行しているときに最もその性能を発揮できるようになっている。海抜○メートルに近いところを飛行することが多い警視庁や神奈川県警などのヘリに比べると、長野県のように標高が高いところでは、そのぶん空気が薄くなるので、ヘリコプターが飛行するにも余計にパワーが必要になる。

とくに高度二〇〇〇メートル以上を飛行する山岳遭難救助では、ヘリコプターの性能限界に近い運用となるため機体に大きな負荷がかかり、操縦士や整備士は操縦や整備によりいっそう神経を遣わなければならなかった。

当時の航空隊の操縦士や整備士は、そうした厳しい条件のなかで、もともと性能的に劣るヘリコプターでなんとか業務をこなそうと必死だった。地上を走っているパトカーとは違い、ヘリコプターは空を飛ぶものであり、整備や操縦の失敗は許されないのである。ましてベル二二二型は、このとき初めて国内に五機だけ導入された新型のものだったので、操縦士は慣熟飛行に、整備士は不具合が発生するたびに整備に没頭していた。

ところで、ヘリコプターのホバリング能力の限界は、機体重量や現地の気温、標高等によって決まってくる。このため、当時は機体を一キロでも軽くしてホバリングを可能にさせようと、整備士は客室の座席や余計な装備を取り外した。操縦士はいつもチャートと電卓を持ち歩き、出動から帰投するまでの飛行時間と燃料消費量を細かく計算したうえで、燃料搭載量をギリギリまで減らしたりしていた。

また、救助活動中でもヘリが重すぎてホバリングができない場合には、燃料を減らすために現場の上空を飛行して燃料を減らし、重量調整を行なった。飛行中、燃料計の真っ赤なコーションランプ（警告灯）がパッと点灯して、肝を冷やしたこともあった。同じ燃料切れでも、車とは違ってヘリの場合は墜落することになるので、予備燃料があるとわかっていても気持ちのいいものではなかった。

ヘリコプターの導入と同時に県警航空隊員として配置された私にとって、航空隊は未知の世界であり、驚きと戸惑いの連続だった。

最も困ったのは、機体や部品の名称、飛行・整備に係わる専門用語や航空用語などがさっぱりわからないことだった。しかも、マニュアル等はすべて英語であり、私のつたない英語力では到底理解できるものではなく、それこそなんの役にも立たなかった。当時はまだ電子辞書などもなかったので、辞書をめくるたびに「もう少し英語を勉強しておけばよかった」と後悔したものだった。

また、航空機関連の予算要求や急な部品交換に伴なう予算要求の際には、その部品の機能や要求の必要性などを予算担当者に説明しなければならないのだが、にわか知識の私が、これまたヘリコプターのことなどまったくわからない担当者に説明しても、話が噛み合うはずがない。相手に理解してもらうのに非常に苦労したものだった。そのうえヘリの部品の価格は、自動車部品の価格よりもゼロの数が二つも三つも多い。一億円、あるいは一千万円という単位は警察官にはまったく縁のない数字であり、自分でも目を疑いたくなるほど高額だったので、この対応にも参ってしまった。

「この部品ひとつで新車のパトカーが何台も買える」

などと会計担当から嫌みを言われたり、予算要求書のなかで桁をひとつ間違えてしまい、後始末に苦労したこともあった。

予算資料をつくるにしても、当時は五ミリ方眼紙に手書きした原稿を青焼きでコピーするというものだった。資料づくりも部品管理もすべてパソコンで処理している現在と比べると、「この三十年で大きく進歩したものだなあ」とつくづく感じている。

人ひとりの命を救う救助活動の陰に、こうした航空隊員の努力があったことをどれぐらいの人が知っているだろうか。航空隊員も、もちろん「やまびこ」も、なにも語らないが、常にひたむきな彼らの努力は、今も変わらず続けられている。

それは、ヘリ導入以来三十年余の間、無事故運航を続けていること、そしてこれまでに一四三五人の登山者をはじめとする人命を救助した（平成二十三年八月現在）という輝かしい実績によって裏づけられている。

心の隙

高山徳恵（航空隊パイロット　一九五八年、長野県出身）

ガスのなかからの脱出

ヘリコプターで救助活動をするうえで注意しなければならないことは、天候と地形である。急峻な山岳地帯では気流やガス（霧）が目まぐるしく変化し、まかり間違えば、近年立て続けに起きた救助活動中の墜落事故のようなことになってしまう。だが、実は天候や地形よりももっと怖いものがある。油断、あせり、慢心など、われわれの心のなかに潜む隙である。そのことを思い知った事例を紹介したい。

それは平成十四年の夏山シーズンがひと段落した、九月初旬の日曜日のことだった。昼食をとっている最中に、警察本部地域課から「中央アルプス木曽駒ヶ岳の木曽側で、沢登りのパーティのメンバーひとりが滑落して救助を要請している」という一報が入ってきた。早速、所轄の木曽署や遭難パーティのリーダーの携帯電話に電話をして情報を収集してみると、「現場は木曽駒ヶ岳の北側の細尾沢で、標高が約二〇〇〇メートルの地点。沢登りをしていた七人パーティが滝を越えようとしたとき、女性が濡れた岩で足を滑らせて滑落し負傷。現場付近の天候は、高曇りながらガスはなく風も穏やか」とのことであった。

航空隊の基地がある松本周辺も風は穏やかで、窓越しに見える北アルプスの稜線付近は雲で覆われているものの、悪化する気配はなく、気象レーダーを見てもとくに注意する雲なども見当たらなかった。

救助の指令が航空隊に下り、その年の春に運航開始となったばかりの二代目「やまびこ」で現場へと出動した。クルーは、山本機長、前山田整備士、柄澤救助隊員、そして私（副操縦士）の四人である。

現場へは北側の木曽川支流の正沢川沿いにアプローチすることになった。木曽駒ヶ岳の稜線は雲に覆われていたが、雲底は安定しており、状況が急変する兆しはなかった。

山頂が雲に隠れていたので地形の判別が難しく、副操縦士である私が地図と地形を見比べながらヘリを誘導し、細尾沢と思われる沢に進入していった。しかし、そこはひとつ右隣の沢だったため、Uターンして今度こそ細尾沢へと進入していくと、高さ約七メートルほどの滝の下部で、こちらに向かって大きく手を振って合図する遭難パーティを発見した。

現場付近でいったんホバリングし、馬力に余裕があること、気流が安定していることを確認すると、続けて遭難者の上空まで移動し、山頂方向に向かってホバリングを開始した。局地的な天気は目まぐるしく変わるので、現場ではガスの流れなどを注意深く観察する必要があるのだが、このときは状況が悪化しそうな気配はまったく感じなかった。もっと注意深く見ていれば、もしかしたら悪化のサインに気づいたかもしれないが、クルー全員、誰も気がつかなかった。

ところが、時間にして四、五分後、気がつくと周囲は真っ白なガスに覆われてしまっていた。前山田整備士の操作するホイストで柄澤隊員が地上に降下している間に、ヘリの後方の谷の下流からガスが忍び寄っていたのだ。

いったん救助活動を始めると、遭難者と隊員を収納するまで現場を離脱することはできない。

「これはまずい!!」

と思いながら、急いで遭難者と柄澤隊員をピックアップした。救助活動そのものは、遭難者をその場から吊り上げるだけなので、時間はあまりかからない。問題は、ガスに覆われた沢のなかからいかにして脱出するかだった。あせりは禁物だ。周囲の樹木に接触しないようにして、少しずつ沢の下流に向かってホバリング移動するしかない。そのためには谷の下流方向に一八〇度旋回する必要がある。しかし、そこは狭い沢のなかだったので、機首を山頂方向に向けたままバックしていって、沢が広くなったところで前後左右の樹木との間隔を四人で確認しながら一八〇度旋回した。

ヘリの前方、つまり谷の下流方向は白一色でなにも見えない。視界がきくのは、斜め前方から後方にかけてのみである。そこで、右、右後方、左、左後方の監視を四人で分担し、数メートル前進して機体後方と斜面との間隔が開いたら、そのぶん降下するということを繰り返した。

「よし、少し前に進んで」

「はい、ちょっと下げて」

山本操縦士の負担を少しでも軽くするため、あるいはお互いの気持ちを鼓舞するため、四人がそれぞれの方向の斜面との間隔を確認しながら声をかけ合う。まるで真っ暗闇のなか手探りでそろりそろりと階段を降りるような感じである。万が一、テールローターを木に引っかけようものなら、それこそ一巻の終わりだ。

そうやって階段状に沢を下ること約五分、距離にすれば五〇〇メートルぐらいであったが、時間も距離もその何倍にも長く感じられた。細尾沢が正沢川に合流するあたりまで下りてきて、なんとか無事にガスの下に出たときには、「やったあ」という歓声が自然と沸き上がった。このときの鳥肌が立つような嬉しさは、生涯忘れることができない。

この救助活動では、職場の仲間との強い絆を改めて感じることができた。視界がきかないという絶体絶命のピンチから脱出できたのは、四人がお互いを信頼し合って力を結集したからにほかならない。

その一方で、大きな教訓を残したのも事実だ。いくら山の気象が変わりやすいとはいえ、わずか数分の間に突然周囲が真っ白になるほどのガスに覆われるはずはない。最新鋭の機体だったこと、遭難現場の標高が二〇〇〇メートル程度だったのでパワーに充分な余裕があったこと（標高が高くなればなるほどパワーを使うことになる）、情報収集した一時間前と比較して雲の状態に変化はなく風も穏やかだったこと、北アルプスと比較すれば幾分緩やかな地形だったことなどから、いつの間にか油断が生じており、その油断が誤って隣の沢にヘリを誘導したり、天候の変化の兆しを見逃したりすることにつながったのである。

自分の心のなかのどこかに存在する隙は、今後、最も戒めていかなければならないものだということを痛感した救助活動であった。

ヘリコプター・レスキューの実際

長野県警航空隊は、隊長以下、操縦士五人、整備士六人、救助係（山岳救助隊員）二人の計十四人で構成されている。私は平成元年に操縦士として航空隊に採用されたのだが、当時の県警ヘリ初代「やまびこ」は、正直言って山岳救助にあまり適さず、現場ではもっぱら民間ヘリが活躍していた。それはヘリコプターの性能上、どうしようもなかったことだが、ずいぶん悔しい思いもした。

しかし、平成十四年三月に導入された二代目「やまびこ」は性能が格段に上がり、今日の遭難救助はほとんど二代目「やまびこ」が出動している。だから「山の遭難はうちが担当する」という白負をみんなが持っているし、やっていてやりがいがある。

現在、長野県警の航空隊が扱う山岳遭難救助は年間約百数十件。県警ヘリはそのほかにもパトロールや調査など、さまざまな警察活動を行なっているが、山岳遭難救助活動に占める割合は、全飛行時間の約四〇パーセントと、圧倒的に高い。

ゴールデンウィークから十月下旬ごろまではコンスタントに遭難事故が起こり、七、八月は毎日のように発生する。夏場は二回続けて飛ぶこともざらで、一日四、五件の現場に出動していくことも珍しくない。

ヘリコプターは整備に関する基準が厳しく、二十五時間点検、一〇〇時間点検など、トータルして年間約三カ月余りも運休する。事故が多発する時期はなるべく運休しないようにスケジュールを調整しているが、それでも短期間（一、二日）の点検整備の間に救助要請が入ることもあり、そういう場合は防災ヘリや近隣の県警ヘリに出動をお願いすることになる。

冒頭で述べたように、ヘリコプター・レスキューは天候と地形に大きく左右される。そのなかでもとくに気を遣うのがガスと気流だ。ガスの怖さについては前述したとおりだが、目に見えない気流に関しては現場に行ってみなければわからない部分が大きい。リスクが高そうなときは、とりあえず現場を低空で通過してみて、気流の善し悪しを確認してから救助を行なうようにし、ダメなときは別の方法を考える。

ほとんどの登山者は気流のことまで考えないから、「天気がいいんだから、救助は問題なくできるだろう」としか思わない。しかし、山岳地帯は気流がとても複雑で、稜線を境にして風下側で乱れることが多い。このため、遭難者が風下側に転落しているときには、地上部隊に稜線まで上げてもらってピックアップすることもある。

あまり知られていないことだが、ヘリコプターは標高が高いほど、また気温が高いほど、パワーは低下してしまう。標高三〇〇〇メートルの夏山での救助となると、ギリギリのパワーでホバリングすることになり（ヘリの操作で最もパワーを使うのがホバリングするとき）、ちょっと気流が悪くなるといっぱいいっぱいになってしまう。だからたとえ晴れていて視界がいいときでも、気流が悪ければ救助はできないし、気流が激しくなる冬場はその山域に近づくことさえできなくなってしまうのだ。

また、最近は地形的に厳しい場所での事故が多くなっているような気がする。たとえば狭い沢や切り立った岩場の近く、シュルンドの中など。そういう場所にヘリは直接入っていけないので、航空隊の隊員のほかに所轄署や機動隊、あるいは遭対協の隊員を追加投入することになる。四、五人の隊員を現場の近くまでヘリで搬送し、隊員はそこから歩いて現場へ行って救助作業を行ない、ピックアップできる場所まで遭難者を運んでくる。その間、ヘリはいったん松本空港に引き返すか、近くのヘリポートで待機している。ピックアップの準備が整ったら、給油して再び現場へ向かい、遭難者と隊員を収容・搬送する。「急がば回れ」ではないが、現場の状況が厳しいときほど、トータルな組織力で行なう救助活動が有効で、しかも安全である。

その意味で、遭対協の隊員や山小屋の従業員の方の存在は大変ありがたい。たとえば夏の穂高連峰の登山道は、登山者が殺到し、数珠つなぎ状態になることが多い。そこで遭難事故が発生してヘリがホバリングすれば、ヘリのダウンウォッシュの風によって、ほかの登山者まで転滑落事故を引き起こしてしまうことにもなりかねない。しかしそうならないのは、近隣の山小屋から遭対協の隊員や従業員がいち早く現場に駆けつけていって、現場周辺の登山道の交通整理を行なってくれるからだ。それに、彼らが現場にいれば、気流やガスなどの情報も入ってくる。ほんとうにありがたいことだと思う。そういった陰ながらの支援によって、われわれの救助活動は支えられているのである。

われわれは要請があれば当たり前のように出動していっているが、常に大きなリスクが伴っているということを、登山者の皆さんには理解してもらいたい。飛行中に鳥がローターにぶつかっただけでも大変なことになってしまうのだ。はたからは速くて簡単そうに見えるヘリコプター・レスキューも、常に危険と隣り合わせの状況のなかで行なわれている。そこで一歩間違えば、遭難者を助けられないばかりではなく、取り返しのつかない惨事につながってしまうのである。だからそれなりの理由があるとき以外の安易な救助要請は、厳に慎んでいただきたい。

とにかく救助活動中の事故だけは絶対に起こしてはならない。そのためにも、無理はしないように常に心がけている。ただ、そうは言っても、難しいのは「ちょっと無理すれば救助できるかもしれない」という場面での判断だ。現場の状況によっては、一線を越えるか越えないかというところで葛藤が生じてくる。感覚的なことになってくるが、そのへんの見極めはとても大切であり、今は昔よりもより安全な方向に判断するように心がけている。とくに近年はヘリコプターの墜落事故も続発しているので、安全係数を多くとるようにしている。出動していったあとで一八〇度方針を変えるのは、ちょっとカッコ悪いし勇気も要るが、機長の判断にはクルーの命と「無事に帰ってほしい」という家族の願いがかかっている。ダメだったら別の方法を考える。救助活動時のリスクを極力抑えるためには、その切り替えが必要不可欠だ。

我が隊は、昭和五十五年の発足以来、約一万四〇〇〇時間の無事故飛行を重ねている。そんな諸先輩方の努力をムダにしないよう、ちょっとした油断や集中力の低下が重大な結果を招くということを肝に銘じ、これからも事故のないヘリコプター・レスキューを行なっていきたい。

三本の矢

櫛引知弘（航空隊　一九七四年、長野県出身）

真のプロフェッショナル

遠くに聞こえていたエンジンの音が近づいてきたかと思うと、ヘリコプターから颯爽《さっそう》と救助隊員が舞い降りてきて、あっという間に遭難者を機内に収容していった。

「格好いいなぁ」

山岳救助隊員になって二年目の夏、穂高に常駐しているときに出動した遭難救助現場での思い出である。

長野県内で発生している遭難事故の九割近くは、ヘリコプターによる救助が行なわれており、その大半を担う非常に責任の重い部署が長野県警察航空隊だ。

平成十五年三月、私は航空隊の救助係に任命され、「より安全でより早い救助」を目標に救助活動に当たることになった。人を助けるという重責を感じながらも、毎日張り切って出勤していたことを、つい昨日のことのように思い出す。

しかし、実際にヘリコプターによる救助活動を行なってみると、それは「常に危険と隣り合わせ」と言っても過言ではないほど過酷なものであった。「命懸け」という言葉は、「危険を顧みない」というイメージがあるのであまり使いたくはないが、現場で身の危険を感じた経験は数え切れないほどある。

入隊したばかりの私は、「颯爽と救助する」なんてイメージからはほど遠く、ムダな動きが多かったり、冷静さを欠いてしまったりと、出動するたびに反省点ばかりが増えていった。とにかく、絶対にミスは許されないという重圧に押し潰されないよう、目の前にいる遭難者をなんとか救助してくるだけで精一杯であった。

そんな私を一人前の救助隊員に成長させてくれたのが、航空隊の操縦士、整備士、そして先輩救助隊員らである。私が彼らに共通して見たものは、「真のプロフェッショナル」な姿であった。

長野県警航空隊のヘリコプター（いわゆる県警ヘリ）が遭難救助に当たる場合は、操縦士、副操縦士、整備士（ホイストマン）、救助隊員の四人（いずれも航空隊に所属）がチームとなって活動する。最も効率的なのが、この航空隊のチームだけで行なうレスキューであり、それが困難な場合は管轄署や機動隊の県警救助隊員、あるいは遭対協の民間救助隊員の応援を求めることになる。

さて、操縦士は言うまでもなく「航空機の要」であり、天候・地形・遭難者の状態・救助隊員の一挙手一投足など、すべてのことに注意を払いながら、危険な救助活動の指揮を執っている。操縦士のミスは、即クルー全体の命取りになってしまうのだから、そのプレッシャーたるや並大抵のものではない。にもかかわらず、冷静に状況を見極めて的確な判断を下し、救助を成功に導くのだから、さすがと言うしかない。それを実感させられた事実が、航空隊への異動後しばらくしてあった。

今の県警ヘリ「やまびこ」が導入されたのが平成十四年のことである。これにより、それまでの県警ヘリでは機体の性能上不可能だった現場での救助活動が徐々にできるようになっていった。そんな平成十五年のある日、戸隠連峰の奥裾花渓谷に入山した登山者二人が、下山予定日を過ぎても帰宅しないという家族からの届出を受け、その捜索にわれわれ航空隊が出動した。

奥裾花渓谷は、両脇を約一〇〇メートルの断崖絶壁に囲まれた、幅約三〇メートルの非常に狭い谷間である。しかも、谷の両側からはヘリの障害物となる木の枝が張り出していた。当時はずっと天気の悪い日が続いており、その日も雨こそ降っていなかったが、ガスがかかっていて見通しはあまりよくはなかった。

幸い、そんな悪条件のなかでも、生存している二人を発見することができた。しかし、ヘリから確認した二人は小指の爪よりも小さく、グレーの岩壁のグリーンの木々のなかにわずかに赤色の物体が動いている、という程度にしか見えなかった。狭い谷に阻まれ、ヘリがそれ以上現場に近づくのは無理なように思えた。「やまびこ」に装備されている長さ九〇メートルのホイストワイヤーが届かない距離であることは、一目瞭然であった。

「どこか降下できる場所を探して、隊員を投入しなければならないな」

と考えていたそのとき、機長が「じゃあ、高度下げていくから、両側の監視の徹底をお願いします」と言ってきたのである。

こんな狭い谷間に降りていくのかと、一瞬、耳を疑ったが、機長が判断した以上、安全に活動できると確信してのことであろう。われわれとしては、機長を信じるしかない。

谷間にゆっくり高度を下げていくと、両側の岩壁が不気味に迫ってきた。いつも以上に立木が近く感じる。メインローターを見上げれば、今にも木の枝に当たりそうに見えた。

「いや、これちょっと、大丈夫かな」

機長を信頼しているとはいえ、不安を完全に打ち消すことはできない。

副操縦士が「左、注意してください」と言えば、整備士も「もうちょい下がると、枝がかなり張り出しているよ」と注意を促す。緊迫した空気のなか、ふと機長に目をやると、一点に集中していながら、小刻みに操縦桿を動かしている。それはまさに真剣勝負といった表情で、ふだんとはまったく違う顔つきに内心驚いたことを今でも覚えている。

どれぐらい時間が経ったのか、いつもと変わらない調子で機長が声をかけてきた。

「この高さならワイヤーも届くでしょう。櫛引部長、降りられる？」

高さは約七〇メートル。ホイストケーブルが届く距離である。現場の足場もさほど悪そうには見えなかったので、「大丈夫です」と答えると「よし、それじゃあいきますか」と、気合の入ったゴーサインが出たのであった。

現場に降りてみると、二人はケガをしているわけでもなく、元気そうに見えた。

彼らは増水のため身動きできなくなり、ビバークをして水位が下がるのを待っていたのだった。

「明日からまた天気が悪くなるという予報なので、これからもっと増水するかもしれないし、水が引くには最低でもあと三、四日はかかります。それだけの食料を持っていて、ビバークして待つというのならそれでもけっこうです。どうするかはあなたたちが判断してください」

「いえ、救助してもらえるのなら、お願いします」

しばらくして無事、救助は終了したが、あとになって冷静に考えてみると、「やまびこ」のホイストの送り出し・巻き上げ能力は一秒間に七〇センチ、単純に計算しても、七〇メートルの距離を三往復するには最低でも一〇分以上はホバリングしていなければならないことになる。しかも、非常に狭い谷間のなかでの作業であり、少しでも機体が振れればアウトだ。

そんな困難な状況のなかで冷静かつ適切な救助ができたのは、今までの豊富な経験によって培われた操縦技術の高さと判断の的確さ・早さに負うところが多く、まざまざと「プロフェッショナルの技」を見せつけられた気がした。

また、この事案では、ワイヤーを操作していた整備士にも脱帽させられた。

整備士は、航空隊のなかで機体の整備を主たる任務としている、いわゆる「縁の下の力持ち」である。飛行中にミスが許されないのが操縦士だとすれば、飛行前のミスが許されないのが整備士だ。彼らは、どんな些細な機体の異変でも、たとえ一ミリ以下の小さなヒビであっても絶対に見逃さない、いや、見逃すことができないと言ったほうが適切だろう。それほど細やかな神経を遣う仕事なのだ。

整備士は機体の整備を行なうほか、救助活動の際にはヘリに同乗して現場に向かい、ホイストのワイヤーケーブルの操作を担当する。というと、ただ救助隊員を降ろし、遭難者を吊り上げるだけかと思う人もいるかもしれないが、目がくらみそうな高度でホバリングしている不安定な機体から身を乗り出し、ワイヤーを繰り出さなければならないのだから、その恐怖心たるや半端なものではない。さらに、周囲にワイヤーが引っかからないよう細心の注意を払いながら、吊り上がってくる遭難者や救助隊員が振れないように渾身の力を込めてワイヤーを支えているのである。その必死の形相を知っているのは、下から吊り上げられるわれわれ救助隊員だけであろう。

どんな現場でも冷静に周囲の状況を確認しながら、ピンポイントにフックを下ろしてくる彼らの技術も、やはり「プロフェッショナル」としか言いようがない。このときも、高さ七〇メートルの上空から、ワイヤーケーブルの先端に付いているフックを、私と遭難者のいる地点にピタリと寄せてきたのである。それはまさに神業であった。

そしてもうひとつの忘れてはならない「プロフェッショナル」が、航空隊救助係の先輩方である。平成十四年ごろから航空隊救助係はヘルメットに小型カメラを取り付けて救助活動を行なっており、記録された映像は、救助後の検討会や後輩隊員への指導・育成等に使用されている。「職人の技術は盗んで学べ」とはよく言ったもので、この映像には先輩方の「プロフェッショナル」の技がすべて記録されている。入隊したばかりの私にとってはいちばん役に立つ教科書みたいなものであり、映像のひとつひとつを食い入るように確認しながら先輩の技術を学んだのだった。

そのなかで最も印象に残っているのが、厳冬期の前穂高岳における遭難者二名の救助活動の映像である。ヘリから降下後、ビバークをしていた遭難者二人に救助用具を装着し、次々と機内に収容していく先輩隊員の動きにはまったくムダがなく、私と比べるとまさに雲泥の差であった。

救助隊員には、現場での判断能力や危険予知能力が要求されるが、なによりも重要なのは「安全」と「早さ」のバランスである。安全ばかりを考えて慎重になりすぎてしまうと、そのぶん時間がかかって天候の急変などに対応できず、よりいっそう危険な状況にさらしてしまう可能性がある。逆に早さを優先してしまえば、安全性がおろそかになりがちで、これもまた危険な救助活動になりかねない。

とはいっても、一度として同じ状況というものがない救助現場において、安全と早さのバランスをほどよく保つには、やはり経験を積む以外にない。その点、小型カメラで撮影した記録を見れば、実際その場にいなかった隊員でも疑似体験ができ、また先輩隊員のプロフェッショナルな動きをつぶさにチェックすることも可能だ。救助現場で記録される映像は、隊員の育成に欠かせない貴重な教材となっているのである。

私は、ヘリコプター・レスキューは操縦士、整備士、救助係のいずれかひとつでも欠けてはならない「三本の矢」だと考えている。たとえ三本そろっていたとしても、そのうちの一本が細ければ（技量不足では）、危険を招くことになってしまう。

三本がバランスよくそろっていて初めて折れない、つまりリスクを最小限に抑えた救助に臨めるのである。

私自身、入隊したばかりのころは、今にも折れそうな細い矢であったが、それを操縦士や整備士、そして先輩隊員の太い矢が支えてくれたおかげで、今日まで折れることなく救助活動に携わってくることができたのである。

「生きよう」とする意思

そんな私にとって、平成二十一年の夏に起きた船窪岳での事故は、強く記憶に残る事例のひとつになっている。この年の八月、大学山岳部の五人パーティが十三泊十四日の予定で北アルプスを縦走する計画を立て、富山県側から入山した。事故が起きたのは、針ノ木谷から烏帽子岳に向かっていた十三日の午前中。メンバーのひとり（十九歳男性）が船窪岳付近の登山道から長野県側に約一〇〇メートル滑落し、重傷を負ってしまったのだ。

事故発生後、仲間からの携帯電話による救助要請を受け、われわれ航空隊が救助に向かうことになった。だが、現場周辺の天候は霧で視界が悪く、稜線まで見通すことができない。携帯電話が通じれば、稜線上にいる仲間に「もっとこっちです」というように誘導してもらうこともできたのだが、電波状態もよくなかった。だいたいこのあたりだろうという見当はつけられても、場所の特定ができず、発見できないまま時間だけが過ぎていった。

ようやく崖下の岩場に倒れている遭難者を発見したが、遭難者は大量の出血があるうえ、ぴくりとも動かなかった。スピーカーで呼びかけてもまったく反応はなく、一目で厳しい状況であると感じた。

発見するまでに、かなり長い時間捜索をしていたので、その時点では救助を行なえるだけの燃料が残っていなかった。そこでいったん松本空港に引き返して燃料を補給し、再び現場へ行ってみたときに、「あれ?」と心に引っかかるものがあった。遭難者の体勢が、さっきとはちょっと違っているように見えたのだ。

もしやと思い、急いで現場に降下してみると、そこには全身ズタズタになった遭難者が横たわっていた。頭は完全にぱっくりと割れ、傷口の中には石が入り込み、体のあちこちも傷ついていて大量に出血していた。

だが、やはり見間違いではなく、遭難者はわずかではあるが無意識のうちに体を動かしていた。処置の施しようがないくらい、命を失っていてもおかしくはない状態なのに、生きていたのである。ほんとうによく生きていたと思う。人間の生命力の強さに驚かされたと同時に、絶対に彼を助け出したいと心から思った。

医者にさえ引き継げば助かるはずとの思いで必死に止血をしたり、反応がなくならないように声をかけたりして、なんとか息があるうちに遭難者を病院に運び込むことができた。帰投後、「なんとか命だけは助かってくれればいいなあ」と思いながらヘリの機内を掃除していると、大きな石がいくつかゴロゴロ転がっているのが目に入った。それは遭難者の頭部の傷口や衣服の中に入り込んでいた石であり、改めて事故の壮絶さを感じた。

その石を二、三個拾い上げて、自分のロッカーに入れておいた。その日が来るかどうかわからなかったが、もし遭難者が元気になって会う機会があったら、この石を渡して「こんなに壮絶な現場から君は生還したんだよ」と話してあげようと思ったのだ。

以来、ずっと入れっぱなしになっていて、いつの間にか石のことなどすっかり忘れていた。だが、一年半後、思いがけずその遭難者の家族の方から電話がかかってきた。

「息子といっしょにご挨拶にうかがいたい」

それを聞いて正直不安に思ったのは、もし植物状態になってしまっていたら、あるいは重い後遺症が残っていたら、なんて声をかけたらいいのかということだった。

しかし、やってきた当人は、びっくりするほど元気になっていて、立派に社会復帰を果たしていた。足や会話などに多少の後遺症は残っていたものの、まさか歩いて喋れるようになるなんて、あのときはまったく考えられなかった。

「君はここから落ちたんだよ」

事故現場の写真を見せながらそう説明すると、彼は「ほんと、よく僕は生きていましたね」と言った。そしてロッカーに保管してあった石を持ってきて、「これが君の体の中に入っていたんだよ」と言って手渡すと、ぼろぼろ涙を溢れさせながら、「せっかく助けていただいた命です。私もなにか人の助けとなる仕事に就きたいと思います」と言った。救助隊員にとって、ほんとうに嬉しいひとことであった。

医者の話によると、遭難事故によって重傷を負ったとしても、五時間以内にＩＣＵに入ってちゃんとした処置を受けられれば、生存率は高くなり、社会復帰もそれだけ早くできるようになるそうだ。このケースでは、救助のタイミングはギリギリのラインだったようだが、それもヘリコプター・レスキューだったからこそ。地上からの救助活動だけでは間違いなく助かっていなかっただろう。改めてヘリコプターによる迅速な救助の大切さを再認識させられた。

そしてなにより賞賛すべきは、遭難者の生命力の強さだ。十九歳という若さもあるのだろうが、彼は意識がないなかでも「生きよう」という強い意志があったからこそ、あの壮絶な遭難現場から生還できたのであろう。

今日のヘリコプター・レスキュー事情

福間 健（航空隊 一九七四年、島根県出身）

厳冬期の八方尾根で感じた恐怖

冬の八方尾根は、これまでに経験したことのない世界だった。

平成十四年一月二十七日、後立山連峰・唐松岳から八方尾根を下山していた男性二人パーティが、吹雪のため丸山付近でルートを誤り、身動きできなくなって救助を要請してきた。

悪天候なのでヘリでの救助は行なえず、現場には地上から向かうしかなく、われわれ機動隊の救助隊員にも出動要請がかかった。当時、まだ新人隊員だった私にとって、厳冬期の出動はこのときが初めてだった。そもそも山そのものの経験すら少なく、自分がどこまでできるのか、先輩隊員の足を引っ張ることにならないか、大きな不安と緊張を感じながら出動していったことを今でも思い出す。

大町署と機動隊から十人近くの隊員が招集され、早速、現場へと向かう。ところが、ゴンドラとリフトを乗り継いで上がった八方池山荘は、猛吹雪のなかだった。気温は約マイナス二十度。昼だというのにあたりはどんよりと暗く、視界もほとんどきかない。数メートル先に立っているはずの先輩隊員の姿が見えないほどであった。

あまりの悪天候のためこの日は行動できず、八方池山荘で待機して翌朝から行動を再開したが、悪天候はおさまる気配はなく、二重遭難の危険があることから途中で引き返してきた。

入山三日目、依然として悪天候が続くなか、再度の現場へのアプローチを試みる。しかし、その行く手を激しい風雪が阻んだ。たどったルートを見失わないようにするため、数メートルごとに目印に赤布を付けた竹竿を立てて進むのだが、振り返るともう見えなくなっていた。自分がいったいどのあたりにいるのか、方向感覚がまったくつかめない。救助隊に入ってまだ間もなかった私は、「ここで遅れをとったら自分が遭難してしまう」という恐怖とあせりを抱えながら、辛うじて前方に見える先輩隊員を見失わないように、必死になってただただそのあとについていくのみだった。

八方池から下ノ樺への稜線に差しかかると、瞬間風速二〇メートル以上の横殴りの突風が襲いかかってきた。かつて経験したことのないほどの強風である。視界が悪いため尾根が切り立っているように見え、気を抜いたら谷底へ真っ逆さまに落ちてしまうような錯覚を覚えた。

斜面をトラバース気味に進むときには、先輩隊員から大声で檄が飛んだ。

「おちおちしていたら雪崩に巻き込まれるぞ！」

その声に一瞬疲れも忘れ、雪崩の恐怖に背中を押されるように早足で通過した。

結局、その日も遭難者がビバークしている場所まではたどり着けず、途中で雪洞を掘ってビバークすることとなった。といってもゆっくり休めるはずもなく、寒さに震えながら、ひたすら朝になるのを待ち続けた。

翌日になってようやく天候が回復したため、ヘリコプターが飛んで遭難者を無事救助することができた。これにてわれわれの任務も終わりとなり、苦労してたどってきたルートを引き返していった。

この日は前日までとは打って変わって周囲の山々まで遠望でき、「天気次第でこんなにも違ってくるものなのか」と思いながらの下山であった。下山後、先輩隊員のひとりが耳に凍傷を負っていたことが判明し、改めて厳しい救助活動であったことを実感した。

このときの経験を通して感じたのは、厳しい現場では自分の身は自分で守るしかなく、そのためには訓練によって基本技術をしっかり身につけるのが大切だということだ。実際、尾根上で突風にあおられたときには、訓練のときに教えてもらった耐風姿勢を素早くとることでバランスを保つことができた。先輩隊員に厳しく指導してもらったことが、現場で生きたのである。

今でも現場で教えられることはたくさんあるが、それは基礎が身についていればこその応用であり、そのためには日々の厳しい訓練が必要不可欠なのだ。

航空隊初訓練での失敗

北・中央・南アルプス、八ヶ岳連峰、北信五岳などを抱える長野県にあって、長野県警察航空隊のヘリコプターと遭難救助活動は切っても切り離せないものになっている。県警ヘリコプターの出動件数は、山岳遭難救助だけでも毎年一〇〇件以上にのぼり、これまでに収容した遭難者は一五〇〇人以上を数える。その多くが急峻な岩稜帯や深い谷底など劣悪な環境のなかでの活動であるにもかかわらず、昭和五十五年の隊発足以来、無事故で活動を続けてきている。そんな歴史と伝統のある隊への入隊が決まったのは、平成二十一年三月のことであった。

それまで私は約八年間、救助隊の隊員としてそれなりの経験を積み、ヘリコプターでの救助活動に携わったことも数え切れないほどあった。しかし、航空隊という完成された別組織のクルーのなかに入ってみると、従来のやり方が通用せず、自分だけが取り残された。その現実を突き付けられたのが、新隊員の訓練のときである。

ヘリコプターによる救助は、一瞬のミスが大事故につながってしまうため、操縦士、副操縦士、整備士、そして救助隊員の四者のコミュニケーションがなによりも重要となる。ただ、ヘリコプターの爆音は凄まじく、とてもまともに会話などできるものではない。そこで機内のクルーはヘッドホンとマイクを装着して会話をするのだが、初めての訓練のときにその感度の調整の仕方がよくわからず、話している内容がよく聞きとれなかったのだ。それでも、これまでの経験から「自分がやるべきことをしっかりやっていれば問題ないだろう」と思っていたら、訓練終了後、機長から厳しいダメ出しを食らってしまった。

「ヘリで救助を行なうときには、搭乗している者全員の意思疎通ができていないと、大変なことになる。それができない者は、現場に連れていけない」

ヘリコプター・レスキューは、操縦士、副操縦士、整備士、救助隊員の四人が一チームとなり、全員で現場を確認し、現場周辺の風や地形などをチェックしたうえで、救助隊員が現場に直接ホイストで降りられるのか、またホバリング態勢を保持できるのかを判断する。その一連の流れのなかでは、コミュニケーションが絶対に欠かせない。たとえ同じ現場であっても、気象条件や遭難者の状況等はふたつとして同じものはなく、そこに先入観を持って臨んでしまうと致命的なことにつながりかねないからだ。機長が「意思疎通のできない者とはいっしょに活動できない」と言ったのも当然である。

このことがあって以来、クルーとのコミュニケーションをしっかりとるようになったことは言うまでもない。

ヘリコプター・レスキューには危険がつきもの

さて、救助要請があってからヘリコプターが出動するまでの流れについて、ここで簡単に触れておこう。

遭難事故が発生して遭難者から救助要請があったときに、救助活動にヘリが必要かどうかの判断は原則的に救助隊の隊長（または副隊長）が行なう。あるいは、管轄署の救助隊員や現場にひと足先に向かった遭対協や夏山常駐隊の隊員が「必要だ」と判断し、出動を要請してくる場合もある。

その結果、「出動させよう」ということになったときに航空隊に打診がくる。ただし、打診があれば必ず出動するというわけではない。天候状況などによっては出動したくてもできないこともあるため、山小屋やインターネット、契約している気象情報提供会社などから詳しい気象データを収集し、それを分析したうえで、最終的に出るか出ないかを決定する。出動できなければ、条件がよくなるまでスタンバイすることになる。

出動するときには、前述したとおり操縦士、副操縦士、整備士、救助隊員の四人が一台のヘリに搭乗して救助作業を行なう。とくに困難な現場でないかぎり、この四人で救助をすませてしまうことも少なくない。遭難現場によっては、所轄署や機動隊の救助隊員をヘリで現場に送り込み、ともに救助活動をすることになる。また、遭対協の隊員や夏山常駐隊員がひと足先に現場に駆けつけていき、ピックアップの準備を整えてくれることもある。そうすると、遭難者の状態や現場周辺の天候が事前にわかるとともに、作業が非常にスムーズに進行するので、われわれとしてはほんとうに助かっている。

夏山シーズンなど、一日に四、五件もの事故が続いて、要請が重なってしまったときには、早朝から日没まで、一日中出ずっぱりとなる。どの救助を優先させるかは、天候や現場の位置、遭難者の容態などを考慮して決める。「天気が悪くなりそうだから」「一刻を争う重傷だから」「現場がこのすぐ近くだから」といった理由で、あとから入ってきた要請を先に片づけてしまうことも珍しくない。そのへんは臨機応変に判断するようにしている。

救助要請の多くは、重傷を負い、または病気を患い、歩行できなくなったというものだが、なかには「重傷だ」というので急いで現場に向かってみたら、全然大したケガでなかったというケースが年間数件ある。ヘリでの救助活動の様子がニュースなどで流れるため、いまや「遭難救助はヘリで行なうのが当たり前」「ヘリでの救助は簡単でスピーディ」などと思っている登山者も多いのだろう。

しかし、ヘリコプター・レスキューは見た目ほどお手軽ではない。どんな現場であっても多かれ少なかれ危険が伴うものであり、事故も毎年のように起きている。平成二十一年九月、奥穂高岳で岐阜県の防災ヘリが救助活動中に墜落したときには、出動要請が入ってわれわれも現場に急行した。一報が入ったときから「これは大変なことになった」と思っていたが、実際に現場で機体が燃えているのを目の当たりにしたときのショックは言葉では言い表わせないものだった。一歩間違えれば、同じことが自分の身に起こるかもしれないのだ。

航空隊に配属されて以来、いまだに出動となると緊張で胸がドキドキし、「気をつけろよ」「とにかく冷静に判断するんだぞ」と自分自身に言い聞かせている。

登山する方は、ヘリコプター・レスキューのそういった危険をきちんと理解し、自己責任でそれぞれリスクマネジメントを行ない、ほんとうに必要なときにだけ救助を要請してもらえたら、と思う。

断崖絶壁での救助活動

新井 斉
（前山岳遭難救助隊副隊長 一九六八年、長野県出身）

屏風岩で落石事故発生

北アルプス前穂高岳から北東に延びる北尾根の末端に位置する屏風岩は、高度差約七〇〇メートル、幅約一五〇〇メートルに達する大岩壁である。垂直にそそり立つその威圧感には、上高地から涸沢を目指す登山者の誰もが目を引くはずだ。

十八年前の春、新人隊員として涸沢に常駐した際、初めて見た屏風岩の迫力に感動した記憶は今でも鮮明である。

当時の分隊長からは、救助隊ＯＢの先輩たちが日本で初めてワイヤーウインチを使用して救助を行なったことや、昭和六十二年に発生した第一ルンゼでの崩落事故のときには命懸けで現場に入っていったことなどの話を聞かされ、岩場での救助の困難さを教えられた。と同時に、いつかは自分もここで救助をしてみたいと憧れ、身を引き締めたものであった。

時は流れ、槍・穂高連峰を管轄する豊科署（現安曇野署）に勤務していた平成十五年八月下旬のことである。その年は北アルプスを中心に遭難事故が多発し、事故が発生するたびに「またか」と呆れ顔をする署員もいるほどであった。

涸沢での夏山常駐を終え、前年初冬の大雪により槍沢で行方不明になっていた山小屋の従業員の捜索・収容もすませたある日、私は久しぶりの休みをとっていた。しかし、いつ遭難事故発生を知らせる携帯電話が鳴るかと思うと、なんとなく落ち着かない。これは救助隊員だけにかぎったことではなく、常に事件・事故に対応しなくてはならない警察官ならではの悲しい習性であろう。

その日の夜は、子どもにせがまれ家族で外食をすることとなった。携帯電話の呼び出し音が鳴ったのは、注文を終え、料理を待っていたときだった。

「お父さん、また遭難？」

国内でも屈指の人気を誇る槍・穂高連峰を抱える署だけに、突然の出動要請が多いのは仕方のないことだ。子どもはすっかり「父親の携帯電話の着信音＝遭難発生での呼び出し」と思い込んでいるようだった。

電話の向こうからは、救助隊ＯＢのＹ課長の声が聞こえてきた。

「屏風の雲稜ルートで、女性二人が落石を受けて負傷したとのこと。生死は不明。明日の朝四時に東邦航空のヘリが来るから、新井、頼むわ」

とりあえず詳しい状況を確認するため出署したところ、事故はガイド登山中に起きたものであることがわかった。山岳ガイドが五十歳代の女性二人を連れて屏風岩東壁の雲稜ルートを登攀中、終了点手前で落石が起こり、フォローしていた女性客二人が負傷して身動きがとれなくなったというのが事故の概要である。先に終了点まで上がっていたガイドは、事故後、現場まで下りていって負傷した二人をフィックスしたのち、懸垂下降して横尾まで下りてきて警察に一報を入れたのだった。

落石時にロープが切れなかったのは不幸中の幸いだったが、屏風岩での救助となると、さすがに考えさせられた。断崖絶壁の岩場で負傷してぶら下がっている女性二人を、どのような方法で救助したらいいのか。その夜は、いつもに増して装備の確認に時間を費やし、入念に出動準備を整えて朝を待った。

前代未聞の離れ業

翌日の早朝、豊科の自宅の窓からは常念岳の稜線がくっきりと見えていた。天気の心配はなさそうである。夜明け間近の薄暗いなか、旧穂高町にあったヘリポートに到着して間もなくすると、東邦航空松本営業所の小松所長と、カモシカスポーツの高橋和之さんも駆けつけてきた。山麓からは、この三人がヘリコプターで現場へ向かうことになった。

「厳しい現場だと思うけど、がんばろう」

そう言って気合を入れたのは、高橋さんである。

夜明けとともに、舞い上がった東邦航空のヘリは、常念岳を右に見て烏川渓谷から蝶槍を越え、雄大な穂高連峰の片隅にそそり立つ屏風岩へと一直線に向かった。

数分後、「あそこだ」と指差すほうを見れば、壁面にへばりついている黄緑色の豆粒のようなものが確認できた。

さらにヘリが近づいていくと、機内からはいっせいに「ウォーッ」という驚きの声が上がった。高さ六〇〇メートルはあろうかと思われる垂直の岩場の真っ只中、人が二人も立てばいっぱいになってしまう岩棚に、遭難者がロープで確保されて横たわっていたのだ。さらにそのおよそ二〇メートル下にも、同じような状況で身動きできずにいる女性が確認できた。二人とも意識はあるようだったが、手を振るほどの元気はなかった。ケガがひどく、自力で動くことができないのだろう。

言葉ではうまく表現できないが、とにかく上空のヘリから見るとものすごい光景だった。厳しい現場であることは誰もが覚悟していたが、それは想像をはるかに超えており、まさかここまで厳しいとは思わなかった。試しにパイロットの関根さんが、上のテラスにいる遭難者の上空でヘリを現場に寄せてみようとした。しかし、ローターが岩に拒まれ、アプローチすることができない。われわれはヘリコプターでの直接救助は不可能であると判断し、応援を求めるため、いったん涸沢ヒュッテのヘリポートに帰投した。

次に、涸沢から横尾谷間をヘリで二往復し、涸沢ヒュッテの山口孝さんと従業員数人を横尾の岩小屋跡まで搬送した。そこで態勢を立て直し、再び現場へと向かった。今度は下のテラスにいる遭難者にアプローチしてみることにして、ヘリを近づけていくと、なんとかぎりぎりじかに救助できそうだった。岩場は完全な垂直ではなく、多少傾斜がついていたため、下のテラスにはホイストが届いたのだ。現場のテラスには高橋さんがホイストで降り、ピックアップの準備を整えた。高橋さんはテラスの上に残り、まずは遭難者を吊り上げて機内に収容し、山麓へと運んでいった。

しばらくしてヘリがもどってくると、続けて私と山口さんが長吊りで現場に向かい、高橋さんがいるテラスに降り立った。狭いテラスの上に三人が身を寄せ合って立っていると、あまりの高度感に頭がくらくらした。支点をとれるところは一カ所しかなく、三人とも同じ支点からセルフビレイをとっていた。万一、その支点が抜けたら、三人そろって一巻の終わりである。眼下には、梓川の流れが細くきらきらと輝いて見えた。その美しさに、一瞬、岩壁にへばりついている怖さを忘れて「きれいだなあ」と思った。

もうひとりの遭難者がいる上のテラスまでは、そこから約二〇メートルの距離。意を決し、高橋さんに確保してもらって私が岩壁を登りはじめた。目も眩むような高度感に萎縮しそうになりながらも、どうにか遭難者のいるテラスまで到達すると、涸沢ヒュッテの従業員が二人、ヘリで下のテラスに運ばれてきた。そのうちのひとりは長吊り用のフックを解除せず付けたままにして、上にいる私にロープで確保されながら、上のテラスを目指して登ってきた。もちろんヘリは空中でホバリングしたままである。

従業員が私たちのいるテラスまで登ってくると、今度は長吊り用のフックを遭難者に付け替えて、ヘリと遭難者をじかに連結させた。さらに遭難者のセルフビレイを解除し、遭難者に結び付けたロープをテラスから少しずつ送り出していき、ヘリ真下まできたところでロープを外させた。これで遭難者は完全にヘリからぶら下がる形となり、そのまま下界へと搬送されていったのである。

遭難者は、ひとりは背骨の圧迫骨折、もうひとりは折れた肋骨が肺に刺さるという重傷だったが、幸い二人とも命に別状はなく、最悪の事態には陥らずにすんだ。

これほどアクロバチックな救助を行なったのは、このときが最初で最後である。本来、長吊りは航空法に抵触する救助方法なのだが、人命救助という大義名分があるため、かつては暗黙の了解として長吊りによる救助が行なわれていた。だが、東邦航空がヘリコプター・レスキューの最前線から退いた今、もう長吊りは行なわれなくなっている。高橋さんが「あんな救助は二度とできないだろう」と言っていたが、そのとおりだと思う。時代とともに、救助方法も変わっていくのだろう。

心肺停止状態からの生還

弦間将樹（駒ヶ根警察署　一九七二年、長野県出身）

現在、私は中央アルプスを管轄する駒ヶ根署に勤務し、山岳遭難救助隊駒ヶ根班班長を務めている。山岳遭難救助隊の指名を受けてもうかれこれ十二年、これまで数多くの現場に出動してきたが、やはり反省点の多かった救助ほど強く印象に残っている。

悪天候の北アルプス・白馬乗鞍岳で遭難事故発生という一報が航空隊に入ってきたのは、機動隊から航空隊に異動してすぐの平成十八年四月のことだった。

遭難したのは山スキーの男性五人パーティで、八日に小谷村の栂池自然園から白馬乗鞍岳を経て蓮華温泉に向かっていたところ、途中で雪崩に遭って装備を流されたため、栂池に引き返そうとしたが、疲労と吹雪で動けなくなり途中でビバーク。その最中にひとりが意識不明となり、真夜中に携帯電話で救助を要請してきたのであった。

救助には、朝いちばんで航空隊のヘリコプターが向かうことになった。航空隊には二人の救助隊員が配備されていて交代で勤務しているため、出動の際にはどちらかひとりがヘリに搭乗することになっている。ただ、私の配属直後は、新入隊員訓練も兼ねてもうひとりのベテランが付き、必ず二人で出動していた。それがこのとき初めて私ひとりだけで現場に向かうことになったのである。

日の出とともに現場の天候を確認し、天候回復後、パイロット二人、整備士とともにただちにヘリコプターで現場へ向けて出動した。隊員は私ひとり。今までのように先輩隊員を頼りにすることはできない。私自身、早く一人前の航空隊員として認められたいという強い思いがあり、なんとかこの救助をひとりで完璧にやり遂げようと、内心期するものがあった。

現場上空に達すると、栂池自然園に下る雪の斜面の上に、四人の人が点々と仰向けに倒れているのが確認できた。四人にはまったく動きがなかった。出動時の情報によると、いちばん上にいる遭難者はすでに心肺停止の状態だという。そのひとりを残し、ほかの四人は夜明けと同時に下山を開始したが、途中で力尽きてしまったのだろう。ただひとりだけは、自力でどうにか栂池ヒュッテまでたどり着いたという連絡を受けていた。

現場確認後、私が四人が倒れている斜面に降下した。斜面には約四〇センチの新雪が積もっており、降り立ってみると腰から胸のあたりまでずっぽりと雪に潜った。傾斜もかなりきつい。この新雪をラッセルしながら下るとなると、そうとう体力を消耗するだろうということは容易に想像できた。着の身着のままの一晩のビバーク後だったので、遭難者にはほとんど体力が残っていなかったに違いない。その体力を振り絞るようにして下山をはじめた遭難者にとって、深雪のラッセルはどれほど責め苦だったことか。

私は新雪に悪戦苦闘しながら、這うようにしていちばん近いところに倒れている遭難者に近づいていった。わずか二〇メートルほどの距離なのだが、そこまで上がっていくのにかなり時間がかかった。

ようやくたどり着いてみると、遭難者は目を開けてはいるものの意識が朦朧としていて、私の問いかけにもほとんど答えられなかった。助けにきたことをわかっているのかいないのか、うわごとのような意味不明の言葉を繰り返すだけで、まったく要領を得ない。低体温症のかなり危険なレベルに陥っていることは明白であり、一刻も早く病院へ搬送する必要があった。続けてほかの二人の遭難者の容体を順番に確認していったが、三人ともほぼ同じような状態であった。その確認作業をするだけでも、かなり時間がかかった。そうしている間に、ヘリコプターは応援の救助隊員を投入するためにいったん引き返していった。

問題は、誰からヘリに収容していくかであった。ヘリはひとりずつしか吊り上げられないので、当然、優先順位をつけなければならない。こんなときは、助かる確率が高そうな人からピックアップするのがセオリーだ。三人のなかにはひとりだけ二十九歳の若者がいたのだが、いちばん反応が鈍く意識もほとんどなかったのが彼だった。正直「この人はもうダメかな」と思い、ほかの二人を先にヘリに収容することにした。

ところが、比較的意識のはっきりした中年男性のところへ行き、ピックアップのための救助用ハーネスを装着しようとすると、その男性はそれを拒むような仕草を見せ、三メートルほど離れたところに倒れている若者のほうをしきりに指差すのである。

「向こうにもいるから、向こうにもいるから」

と、ほとんど言葉になっていない声を必死に振り絞り、身振り手振りで先に若者を救助するように訴えるのだ。

「向こうにも仲間がいるのはわかってますよ。順番に収容していきますから、心配いりません」

そう説得するのだが、それでもなお「若者のほうを先に」と訴え続ける。なぜこの中年男性がそれほどまで若者のことを気にかけていたのか、このときはまだわからなかった。

新雪の降り積もった急斜面で、まったく動けない遭難者にひとりでハーネスを装着していく作業は困難を極めた。しかし、しばらくしてヘリが大町署の救助隊二人を乗せて引き返してきて、三人で作業に当たるようになると、一気にはかどった。

上空で待機していたヘリからは、無線で「一度に運べる人数は二人だけ」と連絡が入ってきていた。そこでまず、「自分はあとでいいから」と訴えていた中年男性と、そのそばに倒れていた意識のない若者を先に搬送することにした。ヘリに収容する準備を整えている間にも遭難者の容体はどんどん悪化し、若者はすでに心肺停止になっていた。ヘリに収容するころには中年男性も意識不明に陥り、心肺停止状態になってしまった。

　山麓のヘリポートへ向かう機内で、私はずっと中年男性に心臓マッサージを続けていた。ヘリポートに到着し、待機していた救急車に二人を引き継ぐと、すぐにとって返して残るもうひとりの遭難者の救助に向かった。現場では大町署の隊員が遭難者にハーネスを装着して吊り上げる準備を整えており、すぐに機内に収容することができた。しかし、先はどまで意識のあったこの遭難者も、ヘリポートを往復している数分の間に、心肺停止状態となってしまった。

　ヘリポートで遭難者を救急隊に引き渡すと、われわれは三たび栂池自然園を目指した。現場の斜面のいちばん上のほうにはもうひとり、昨夜のうちに息を引き取ったという遭難者がまだ残されていた。そこにはごく簡単な雪洞が掘られていて、そのなかでは男性が座ったままの姿勢で冷たくなっていた。

　このケースでは、最初に私が現場に到着したときには、四人の遭難者のうち三人にはまだ意識があり、わずかではあるが私の問いかけにも応答できた。それが救助作業を行なっている間に全員が心肺停止状態となり、結果的にパーティのメンバー五人のうち三人が低体温症によって死亡するという惨事になってしまった。改めて低体温症の恐ろしさを認識するとともに、医療機関への迅速な搬送が重要だということを痛感した。

また注目すべきは、五人のメンバーのなかで、ただひとりだけ自力で栂池ヒュッテまで下山してきた人がいたことだ。厳しい気象条件下でアクシデントが起きた場合、個人の基礎体力の差が最終的に生死を分けるのだろう。

奇跡と言っていいのは、心肺停止となっていた四人の遭難者のうち、ただひとり二十九歳の若者だけが生還を果たしたことだ。私はそのことを後日の新聞記事を見て知った。まず助からないだろうなと思っていただけに、助かったと知ったときにはほんとうに驚いた。

前述したとおり、私が現場に降下したときにはすでに彼の意識はほとんどなく、間もなく心肺停止状態になったのを現場で確認した。救急隊に引き継がれたのち、彼は心臓マッサージを受けながら松本市内の大学病院に搬送され、人工心肺装置を取り付けた一時間後に蘇生したという。心肺停止を確認してから四時間近くが経過しており、これほど時間をおいて蘇生した例は国内初だそうだ。

なお、救助活動を行なっているときに、「自分はいいから、先に向こうの人を救助してくれ」としきりに訴えていた中年男性は、この若者の父親であった。自分も低体温症で意識が朦朧とするなか、せめて息子だけは助かってほしいと必死に願っていたのだろう。

この奇跡の蘇生を報じた新聞記事には、公開された若者の手記も掲載されていた。

〈私は雪山スキーをしていて雪崩事故にあいました。心肺が4時間も停止していたにもかかわらず、五体満足に生きて帰れました。

もしかしたら、亡くなった父が私に最後の力を与えてくれたのかもしれません。

当初は意識回復まで半年かかるかもしれないとのことでしたが、2カ月経った今では、歩行やお手洗いなどが一人で出来るようになりました。

今後リハビリを続けて、不自由の残る指先や発声を元通りに治して、好きなピッチングがしたいと思います。

お世話になった信州大学病院の医師や看護師の方々、本当にありがとうございました。（直筆の署名）〉（二〇〇六年六月九日付『毎日新聞』より）

私は平成十年に山岳遭難救助隊に入隊し、この事案が起こる八年の間にさまざまな現場を経験していたので、航空隊に配属後、初めてでもひとりで充分救助できるという自信があった。ところが、いざ現場に行ってみたら、とてもひとりで対処できるような状況ではなかった。足場の悪い雪山の斜面の上で、救助用具をセットすることさえも困難な状況のなかで、自力で動けない三人の遭難者をひとりでどうやって救助したらいいのか。もしこのとき大町署の隊員の応援がなければ、迅速な救助はできていなかったはずだ。

ヘリから降下した現場でひとりだけで作業をしなければならない航空隊の救助隊員の大変さを痛感したと同時に、救助に向かうときは常に最悪の状況を想定して万全の態勢で臨まなければならないということを教えられた事案であった。

第3章　レスキューにかける情熱

家族の人生をも狂わせる遭難事故

宮﨑茂男（山岳遭難救助隊隊長　一九六一年、長野県出身）

強烈な個性の山男たち

今でこそ、山岳遭難救助隊を希望して入隊してくる人も多くなっているが、昔は自ら望んだわけでもなく、「なんで俺が救助隊に……」という思いを胸に配属される人も少なくなかった。私自身、山にはとくに興味はなかったが、学生時代からスポーツを続けていて足腰が丈夫だったことから、先輩の隊員に「山の仕事はどうだ」と声をかけられたのがきっかけで救助隊に入ることになった。

途中、隊を外れていた時期は若干あるものの、機動隊、豊科署（現安曇野署）、本部地域課などに籍を置いていたときに救助隊員として活動し、隊員歴はトータルで十八年になる。そのなかでも最も心身ともに充実していたのは、来る日も来る日も訓練と現場を繰り返していた機動隊在籍時であろう。

当時は、県警ヘリコプターの「やまびこ」が飛びはじめてまだ間もないころで、もっぱら救助の現場で活躍していたのは民間の東邦航空のヘリコプターだった。その牽引者となっていたのが、今は亡き東邦航空の篠原秋彦さんだ。当時、篠原さんといえば泣く子も黙る存在であり、新人隊員だったときはまともに話をできないくらい怖いオーラを放っていた。それが豊科署に異動になったころからいっしょに出動する機会も多くなり、怒鳴られながらもヘリコプター・レスキューと地上救助との連携など、いろいろな経験を積ませていただいた。

篠原さんは、遭対協の隊員である涸沢ヒュッテの山口孝さんや、登山家のダンプさん（高橋和之氏）らとコンビを組むことも多く、現場を見ながら「ああしよう」「こうしよう」と話し合って、いろいろな救助の方法を考案していった。そういう判断力は、そばで見ていてほんとうにすごいなあと感心した。今日のヘリコプター・レスキューとは手法は異なるものの、われわれに安全なヘリコプター・レスキューのノウハウを教えてくれたのも篠原さんだった。

この篠原さんと、涸沢ヒュッテの小林銀一さん、それに北アルプス南部遭対協夏山常駐隊隊長の猿田穂積さんの三人は、涸沢に集まる強者、北アルプスでは泣く子も黙る山男であり、新隊員の私は先輩隊員に「あの三人には言葉の遣い方に気をつけろよ」と常々言われていた。

春と夏の登山シーズン最盛期に涸沢に常駐していると、救助活動中は当然のこととして、日常生活のなかでも、もたもたしていると三人からすぐに「喝」が入った。登山者に登山指導するときの言葉遣いや対応にも細かな指導を受けるなど、救助や遭難防止に関わる山男としてのノウハウを教え込まれた。

私は県警の山岳遭難救助隊員として長年救助活動に携わってきたが、今までに多くの先輩や民間救助隊の方たちの指導や助言、現場での協力をいただき、ここまで無事やってこられた。そのなかでもとくに心に焼きついたのは、篠原さんからの「安全かつ迅速な救助技術」、猿田さんからの「登山者への細やかな配慮や指導」、小林さんからの「警察と民間救助隊組織との連携・協力の必要性」という、それぞれの方の個性的な教えだった。これらが現在の私の知識、経験、技術に大きく影響していることは間違いない。

そしてまた、登山者から頼りにされる今日の県警山岳遭難救助隊の存在には、彼ら民間救助隊の山男のバックアップが必要不可欠であることは、これからも変わらない。

胸に突き刺さった母親の言葉

十八年間におよぶ隊員経験のなかで、忘れられない遭難救助がある。

その遭難は、私が豊科署に勤務していた年の夏の、ちょうど台風が接近している日に起きた。遭難現場は、西穂高岳と奥穂高岳の間にある天狗のコルから岳沢へのエスケープルートとして使われている天狗沢。男性二人パーティが下山中に落石を受け、ひとりは心肺停止、もうひとりは頭部負傷で意識がないという状況であった。

救助には、現場に近い岳沢ヒュッテから遭対協の安井秋雄さんが先行して向かい、豊科署からは私と宮澤隊員が出動することとなった。しばらくすると、無線を通して安井さんの緊迫した声が入ってきた。

「現場は天狗沢の上部。落石が頻繁に起きている。自分ひとりでは生存している遭難者を下ろすこともできない。とりあえず岩陰に身を寄せている」

この時点ですでに日没が近づいていたため、ヘリコプターでの救助は断念し、地上から救助に向かうことになった。原則的に夜間の救助活動は、ヘッドランプの灯り程度では自分の足元や周囲の様子がよく見えず、二重遭難の危険が高いため行なわないことになっている。しかし、このときは台風が本州に接近しており、雨こそ降っていないものの風が強くなりはじめており、翌日にはさらに台風が接近して条件が悪くなるのは確実だった。しかも、現場には意識が朦朧としている遭難者と、その遭難者を保護している安井さんが救援を待っている。雨風の強くなる前に遭難者を下ろさなければとの署長判断が下され、私たちは上高地から歩いて現場に向かった。

午後九時ごろ岳沢ヒュッテに到着し、束の間の休憩をとったのち、天狗沢に入った。上部に近づくにつれて浮き石の詰まったガラ場となり、雪渓が現われた。アイゼンを着けて先に進むが、沢の上部からは雪渓上を音もなく転がってきた落石が、突然、自分のヘッドランプの灯りのなかに飛び込んでくる。大きな落石が来れば自分もやられると思うと、生きた心地がしない。

午後十一時ごろになって、ようやく現場に到着した。意識不明になっている遭難者のケガは、思いのほかひどかった。頭部は大きく割れて出血しており、三角巾で縛ったぐらいでは充分な固定ができず、さらにテーピングで補強した。

夜間・落石のおそれ・悪天候という最悪の条件下で背負い下ろす準備を整え、搬送を開始する。雨はそれほど強く降っていなかったが、風は徐々に強まりつつあり、台風が近づいているのは明白だった。無意識に苦しみもがく遭難者のためにも、また自分たちのためにも、少しでも早く下ろしたかった。

救助隊員の私たち三人はいずれも身長一七〇センチ前後と小柄なほうで、身長一八〇センチほどの長身の遭難者を背負うと長い足が地面についてしまい、思うように歩けず苦労した。それでもなんとか交代で背負いながら雪渓を通過し、浮き石の多いガラ場を抜け、草付の登山道に出た。ここまで下ると落石の恐怖から解放され、内心ホッとしながら搬送を続けた。

再び私が背負う順番がきて、「岳沢ヒュッテまでもう少しだ」と思い、気合を入れて遭難者を背負った。歩きはじめて間もなく、左カーブを曲がったそのときだった。うっかり右足を踏み外して転倒し、谷側へ一回転する失態を犯してしまったのである。

ザイルで確保していた宮澤隊員がとっさに引き止めてくれたからよかったものの、もしあのまま滑落していたら、ただではすまなかっただろう。難所が終わって「もう少しだ」と思った気の緩みと、「早く」という気のあせりから招いた失敗に、自分の軽率さを痛感した場面であった。

午前二時ごろまでかかってようやく岳沢ヒュッテまで下ろし、その後、長野市から応援に来てくれた機動隊の救助隊員と合流し、明け方にはどうにか上高地まで下ろすことができた。

意識がなかった遭難者は、三十歳代という若さもあったのだろう、奇跡的に一命をとりとめ、自分なりにがんばって救助した甲斐があったと安堵した。しかし、治療にあたった医師の話では、「頭をやられているので、意識がもどるかどうかわからない。たとえもどったとしても、脳に障害が残る可能性が大きい」とのことであった。

心肺停止となった同行者については、台風が過ぎ去るまで救助することができず、天候の回復を待って数日後にヘリコプターで搬送し、豊科署の霊安室に安置された。

その霊安室を訪れた意識不明となっている遭難者の母親は、いっしょに登山していた息子の友人の亡骸《なきがら》に手を合わせ、思いもよらない言葉を誰に言うとでもなく漏らした。

「(息子の)××も××君のように……」

死亡して自分の前に横たわっている息子の友人の姿を見て、意識不明のまま回復困難な状態に陥っている我が子の不憫《ふびん》さ、友人が死亡して息子が生き残ったことへの自責の念から出た言葉だろうか。前途が見えない息子と、息子の友人の死に直面している母親の気持ちに同情せずにはいられず、遭難者とその家族の将来を考えると、かける言葉が見つからなかった。

遭難は、遭難した本人だけではなく、ときに家族の人生まで狂わせてしまう。この遭難者が今どうなっているかはわからない。知らないほうがいいのだろう。

遭難事故を減らすために

現在、長野県には県警ヘリ、防災ヘリともに機能性の高い機体が導入されており、三〇〇〇メートルを超える槍・穂高連峰の稜線上でもヘリコプター・レスキューが可能になっている。

だが、「遭難事故が多発しているから」と、救助活動ばかりに目を向けているわけにはいかない。たとえば平成二十二年の夏は、一日に何件もの遭難事故が発生し、救助隊員にとってはてんてこ舞いの毎日が続いた。そうなれば当然、隊員やヘリコプターへの負担も大きくなり、二重遭難のリスクも高くなる。

ヘリコプターでの救助活動は、はたから見ているぶんには簡単でスピーディに映るかもしれないが、山岳地帯の飛行は乱気流やガスに巻かれる危険性が高く、文字どおり命懸けの作業となる。近年では、岐阜県と埼玉県で遭難救助活動中の防災ヘリが立て続けに墜落した。

機動力を有効に活用できる時代になったとはいえ、ひとりの遭難者を救助するためには多くの機関・団体関係者が関わり、危険に直面しながら活動しているという事実は、昔も今も変わらない。そのなかには職務で従事する者もいれば、「同じ山が好きな者として見捨ててはおけないから」と協力してくれる民間人もいる。責任感と使命感に燃え、目的に向けて力を合わせてくれる山男は、ほんとうにありがたい。それだけに無事救助が終わったときの達成感、安堵感は言葉に言い表わせない。

昭和三十五年に今の救助隊の前身となる組織が設けられて以来五十年、長野県内で救助中に命を落とした警察官の救助隊員は幸いにしてゼロである。しかし、二重遭難はなくて当然であり、それは決して自慢できることではない。まして民間の救

悪天候などでヘリが飛べなければ、今でも救助隊員が遭難者を背負って下ろす

助隊員はこれまでに五人が亡くなっている。民間の救助隊員が協力してくれるおかげで、われわれ警察官が助かっている部分は少なからずある。だからこそ、われわれは彼らの事故を忘れてはならないし、絶対に繰り返してはならない。

救助に携わっている人は、おそらく誰もが「危険な救助を減らしたい」「なるべく隊員の出動を減らしたい」と思っているはずである。救助隊員の出動を見送る家族は、なおさらのことだろう。そのためには今以上に救助の技術を高めることも必要だろうが、いちばん大事なのは遭難事故自体を減らすことだ。

だが、そんなわれわれの思いが届いているのかどうか、遭難事故はいっこうに減ってはくれない。「救助をお願いします」ではなく「ヘリをお願いします」と言って救助を要請してくる遭難者や、救助されたヘリの中でコクピットの写真を撮ろうとする遭難者には、それがほんとうにやむにやまれぬ救助要請だったのかと問うてみたい。

歩けば丸二日かかる山のなかであっても、今は携帯電話一本で救助を要請するだけで、間もなくヘリコプターがやってきて山麓へと運んでくれ、待ち構えていた救急車が病院へ連れていってくれる。そのためにどれだけの予算をかけて機体を整備しているのか、パイロットがどれほど長い時間を訓練に費やしているのか、そして隊員がどんなに危険な思いをして現場に駆けつけようとしているのか。

登山者は、そのことを少しでも考えてもらえると嬉しい。昔の山ヤのように、なにがなんでも自分たちで解決しろとは言わない。自分たちの力で対処できないのであれば、救助を要請するのもやむを得ないだろう。

ただ、自らの意思でリスクの高いエリアに足を踏み入れていく登山という行為は、いつの時代であっても「自己責任」が大前提のはずである。自己責任は事故を起こしたときだけのことではなく、登山をする前に自分がやるべき準備として、知識、技術、体力をきちんと身につける責任がある。登山者ひとりひとりがその意識を持つようになれば、きっと遭難事故は減っていくに違いない。

歴代隊員から受け継がれる信頼の絆

岡田嘉彦（山岳遭難救助隊副隊長　一九七一年、大阪府出身）

初心忘れるべからず

平成三年の夏。当時十九歳、大学山岳部の二年生だった私は、山岳部の仲間三人といっしょに針ノ木雪渓を登っていた。目指すゴールは涸沢である。前年の夏山合宿では、剱岳〜白馬岳〜唐松岳〜鹿島槍ヶ岳〜針ノ木岳を踏破し、それに続く野口五郎岳〜三俣蓮華岳〜双六岳〜槍ヶ岳〜穂高岳のコースをこの夏につなぐ計画だった。

このときは途中で台風に遭遇するなどのアクシデントもあったが、どうにかこうにか北穂高岳の頂上にたどり着いた。すると、それまで一面を覆っていたガスが一時的に切れ、眼下に初めて涸沢が姿を現わした。やっとゴールが見えたときの充実感と達成感、そして後輩を無事ここまで連れてこられた安堵感。だから山登りはやめられない！

南稜を下山し、涸沢カールにたどり着いたときには夕方になっていた。夕食の準備のため水を汲みにヒュッテに行く途中、岩に囲まれた古びた小屋があった。そのときはテント場の受付かなにかだろうと思って、気にもとめなかったが、色黒の大柄な男性が外に立っていて、なにやら登山者に声をかけていたことだけは今でも覚えている。

夏合宿では、別ルートに入っていた同じ部のほかのパーティも、涸沢に集まることになっていた。われわれのパーティは集合日よりも早く着いたので、翌日、四人で前穂高岳に登り、吊尾根をもどっていたときに、他パーティの滑落事故に遭遇した。遭難者の救助活動は前年の冬の富士山で経験していたが、とりたてて救助の知識や技術があるわけではない。さてどうしようかと考えているときに、南稜ノ頭から駆け下りてくる二人の男性が目に入った。

「救助隊の者です、遭難者はどこですか」

われわれのいるところに来るなりそう言った男性には、どこかで見覚えがあった。

「あっ！　この人は……」

それは間違いなく、昨日、涸沢で登山者に声をかけていた色黒の男性であった。私は「同行者があちらにいます」としか言えず、その屈強そうな二人は同行者から話を聞くと、急斜面の岩場を下りはじめた。その前に「なにかお手伝いすることはありますか」と尋ねたら、「登山者が石を落とさないように見ていてほしい」と言われたので、しばらくは通りかかる登山者に「落石に注意してください」と声をかけていた。そうしているうちにヘリコプターがやってきて、遭難者を収容するとあっという間に飛び去っていった。あとで聞いた話だが、残念ながら遭難者は助からなかったそうだ。

その後、われわれは涸沢まで下りてきたのだが、夕方、岩に囲まれた小屋の前を通りかかると、昼間の救助に現われた二人がそこにいて、高齢の登山者と話をしていた。どうやら登山道や天気の状況について相談に乗っているようだった。

二人がいるうしろの小屋をよく見てみると、「長野県警察山岳遭難救助隊基地」の看板がかけられていた。それを見て、初めて彼らは警察の救助隊の人たちなんだと気づいた。

「そうか、長野県警にも山岳救助隊があるんだ。それにしてもこの人たちは凄かったな」

そのころの私は、今までやってきた登山の技術を生かせる仕事に就きたいと思っていた。最有力候補は山小屋で働くことだったが、ツテがまったくなかった。そんなときに山岳救助隊のことを知り、「へぇ〜、お巡りさんて、こういう仕事もあるんだ」と、目からウロコが落ちた。救助隊の仕事だったら、自分がやってきたことが役に立つんじゃないか。警察官の採用試験を受けたのは、たぶん必然だったのだろう。

幸い試験に合格し、平成六年四月に長野県警察官を拝命、同年秋に松本署に赴任した。しかし、当時の松本署は山を管轄しておらず、しかもちょうど松本サリン事件が起きていたので、休みもとらずに仕事に没頭していた。そうしているうちに救助隊員へのこだわりは徐々に薄れてきて、「刑事になろうか」という気持ちも芽生えはじめていた。

そんな私を見て、「ほんとうに山をやりたいんだったら、機動隊を目指さなきゃダメだぞ」と言ってくれたのが、救助隊ＯＢの総務課の係長だった。そのひとことで「長野に来たのは救助隊員になるためだったのだから、それを目指すべきだ」と思い直し、改めて機動隊への希望を出した。その希望がかない、平成八年春に機動隊に異動となり、長野県警察山岳遭難救助隊員の指名を受けた。県警のなかでも希望者の多い山岳救助隊員にどうしてなれたのか、いまだによくわからないが、どうやら周囲の上司の方々が、大学山岳部の出身であった私を推薦してくれたらしい。

機動隊は、集団で治安警備や災害警備などに当たる警察内の一組織で、都市型レスキューやテロ対策、集団警備などさまざまな任務を手がけている。そんななかで、長野県警の場合は山岳遭難救助が任務の大きな割合を占めていることから、機動隊にも多くの救助隊員が配備されているのである。よくあるのは、若いときに機動隊に入ると同時に救助隊員に任命され、そこで山岳レスキューの基礎をみっちり学んでから、山を管轄する一線署に配属されるというパターンだ。その後も機動隊にもどってきたり、ほかの一線署や航空隊に異動になるなどして、一定期間、救助隊員を務めることになる。

救助隊員になりたてのころ、最も驚かされたのは、その訓練の厳しさだった。大学山岳部に所属していた私は、厳しい訓練は経験ずみだったし、いつも四〇キロ以上の荷物を背負って山に登っていたので、正直これ以上ツラいことはないだろうと思っていた。ところが、救助隊の訓練は、まさに想像を絶する厳しさの連続であった。

救助隊員になって、早十五年が経った。その間、機動隊と一線署を何度か行ったり来たりしながら、今は救助隊の副隊長を任されている。隊の中核との自覚を持ち、若い隊員の育成に励む一方で、現場があれば出動していくという毎日だ。

真夜中のヘリポートづくり

長野県警察山岳遭難救助隊では毎年、春・夏・秋の登山シーズン中に涸沢での常駐活動を行なっている。常駐期間中に遭難事故が発生すれば、涸沢の常駐基地から現場へと駆けつけていく。カバーするのは北アルプス南部地区（槍ヶ岳〜穂高岳一帯）だけではなく、場合によってはヘリで北部地区（槍ヶ岳〜白馬岳）まで遠征することもある。また、事故がないときでも、事故を未然に防ぐための登山相談やパトロールなどを行ない、安全登山の啓蒙に務めている。

この常駐活動は、警察だけで行なっているわけでなく、遭対協の隊員や山小屋の従業員、東邦航空などの協力が必要不可欠となる。彼らのなかには二十年、三十年という経験を持つ人も多く、私が十年そこそこやってきているといっても、彼らから見ればまだまだ若手である。山の安全を守っていくためには、こうしたさまざまな立場の人たちの献身的な協力があることを忘れてはならない。

私にとって、民間隊員との絆を感じた思い出深い事案は、平成十年の夏の常駐期間中に起きた。ちょうど活動の最盛期のころで、その日は機動隊の直属の上司である小林分隊長と二人でパトロールに出ていた。前夜泊まった西穂山荘を早朝に出発し、いったん上高地に下りてから岳沢を上がり、前穂高岳を経由して涸沢の常駐基地にもどる予定だった。

ところが、午後一時ごろ、遭難事故発生の報せが無線機に入ってきた。一件だけではなく、何件かの事故がほぼ同時に起きたようだった。とりあえず上高地の交番まで取って返して状況を確認すると、ここからいちばん近いのが間ノ岳の現場とのことである。それは、女性二人パーティが西穂高から奥穂高への縦走中、五十代の女性が間ノ岳のコルから約三〇〇メートル滑落して重傷を負ったという事故であった。

上高地から間ノ岳の稜線を確認すると、標高二〇〇〇メートル以上はガスに包まれていた。雨は降っていないが雲は低く、いつ雨が降り出してもおかしくない空模様だった。この状況では、ヘリコプターの出動は見込めそうにない。しかし、歩いて現場に向かうとなると、今下ってきたルートを登り返して西穂高岳方面からアプローチするにしろ、岳沢から天狗のコル経由で向かうにしろ、七時間以上はかかってしまう。だが、遭難者は重傷を負っており、早急に現場に行って収容する必要があった。

そこでわれわれは上高地のヘリポートに駐留している東邦航空のヘリに一縷《いちる》の望みをかけてみることにした。民間の東邦航空はヘリコプターによる山岳遭難救助のパイオニアであり、当時の長野県内におけるヘリコプター・レスキューは東邦航空に負うところが大きかった。その東邦航空に、いまや伝説となっている、篠原秋彦さんという遭難救助のプロがいた。ヘリコプターを使った救助活動については、県警の先輩隊員からはもちろんのことだが、現場ではとくにこの篠原さんによく指導を受けていた。

ひととおりの事情を説明すると、篠原さんは「天候は悪いが、行けるところまでヘリを飛ばそう」と言ってくれた。そこで県警の隊員三人、涸沢ヒュッテの山口さん、民間の常駐隊員の吉田さんの計五人がヘリで現場に向かうことになり、そのほか西穂山荘と岳沢ヒュッテからも従業員が応援に出てくれることになった。

私たちを乗せた東邦航空のヘリ「ラマ」は、雨のなか、ガスの隙間を縫うようにして現場へ向かった。五分ほど飛んで、篠原さんが言った。

「ここが限界だ。ホイストで降ろす。降りて目の前の沢を登っていけば、間ノ岳に着くと思う」

視界が悪かったため、そこがどこなのか、私にはまったく見当もつかなかった。が、「篠原さんが言うのだから間違いない」と心を決し、ホイストに身を任せた。

岩場への降下を終え、ガスのなかに消えてゆくヘリに「無事、上高地に帰ってくれよ」と無言の声をかけると、われわれはガレた沢を登りはじめた。先頭は山口さんで、そのあとにわれわれ県警の救助隊員が続いた。当時、私は二十六歳だったが、山口さんの恐るべきペースにただただついていくのがやっとの状態であった。

登り詰めていって着いたところは、天狗のコルだった。登ってきたのは間ノ沢ではなく、天狗沢だったのだ。そこから天狗ノ頭に登り返し、間天のコルに下りていくと、遭難者の同行者の中年女性と、西穂山荘のスタッフがいた。西穂山荘のスタッフは、西穂高岳で起きた別件の遭難救助に出動していたのだが、そちらがひと段落したので駆けつけてきてくれたのだった。

コルから岩場を下降し、現場にたどり着くころには、すでに夕闇が迫っていた。稜線から三〇〇メートルも滑落したのだから、「たぶんダメだろうな」と思っていたのだが、奇跡的に遭難者は生きていた。しかし、全身打撲の重傷を負って意識朦朧としており、早急に医療機関に収容しなければならない状況だった。とりあえず止血などの応急措置を施していると、痛みによる刺激で意識がはっきりしてきたようで、しきりに「痛い、痛い」と訴えはじめた。

雨は依然として降り続いており、悪天候と日没でヘリが使えない以上、そのなかを人力で下まで搬送するしかない。われわれはみんなびしょ濡れだったし、昼食も食べていなかった。おまけに、これから何時間もかけて遭難者を担ぎ下ろさなければならない。それを考えると、おのずとテンションは下がった。

そんなときに、みんなを盛り上げようとしてくれたのが山口さんだった。

「よし、やるか。ちょっと気合出していこうぜ。これから運ぶから、おばさんもがんばれよ」

その言葉を合図に担架搬送が開始された。暗闇とガスでほとんどなにも見えないなか、ヘッドランプの明かりだけを頼りに、急斜面のガレ場を慎重に下っていった。

このときの様子を振り返ってみて、今でも強く印象に残っているのが、山小屋の人たちのおしゃべりだ。寒さと疲れでヘコみそうになってきたときに、みんなを元気づけるために誰かがおもしろい話をしはじめ、それが順繰りに回っていったのである。

ときおり、遭難者にも声をかけると、「痛い、痛い」と返事が返ってきた。

「それぐらいの元気があれば大丈夫。おばさん、子どものためにがんばれよ」

「私には子どもがいないんで……」

「だったらダンナさんのためにがんばれ」

「私、独身なんです」

そんな話をしながら搬送を続け、やがて三時間が経過した。しかし、雨はやまず、遭難者の出血も止まっていなかった。このまま搬送を続けると、さらに危険な状態に陥る怖れがあった。「だったら下手に動かすより、翌朝のヘリを待とう」ということでみんなの意見が一致し、その場でビバークすることになった。岩場の岩をならして平らな面をつくり、そこに遭難者を寝かせて保温すると、やや小康状態を保つことができた。

だが、寒さと疲労と空腹とでわれわれの志気は下がり、再びその場の雰囲気は意気消沈しかけていた。そのときに、沢の下部からヘッドランプの明かりが見えてきた。それは、岳沢ヒュッテの安井さんだった。われわれのために、たくさんのおにぎりとウーロン茶を届けてくれたのである。視界不良のなか、こんな重い荷を背負ってよく登ってこられたなと思ったら、一度道を間違えて上まで上がってしまい、途中まで引き返してまた登り直して来てくれたという。昼間から食事をとる間もなくずっと作業していたので、ほんとうに嬉しい差し入れだった。夏山シーズン真っ最中の多忙な時期だったにもかかわらず、いろいろな山小屋の人たちがイヤな顔もせずに協力してくれていることに、心から感謝した。

空腹が満たされひと息ついたところで、山口さんが提案した。

「おい、ちょっと体を動かそうぜ。ヘリポートをつくろう」

われわれのツエルトや防寒具は、遭難者とその同行者に貸してしまっていた。そこで、明朝のヘリでの収容に備えるついでに、体を冷やさないためにヘリポートをつくることになったのである。

われわれは岩がガラガラ山積するガレ場へ行き、ひとつひとつ岩を積んでヘリポートの形に整えていき、夜中までに完成させた。

夜中の三時ごろ、冷たい風がピューッと吹いてきたかと思うと、それまでずっとかかっていたガスがとれて月が見えた。その四十分後、篠原さんから「これからそっちへ行くから、ライトをつけろ」という無線連絡が入った。

午前四時、朝焼け前の静けさのなか、ヘリコプターの音だけが聞こえてきた。しばらくして、かすかに明るくなった空にヘリが現われた。手にしたヘッドランプをみんなで大きく振ると、「確認した。これから吊り上げる」と再び無線が入ってきた。

「よかったな、おばさん。これで助かったぞ」

山口さんが遭難者にそう声をかけているのが聞こえてきた。苦労してつくったヘリポートで収容作業を行ない、われわれは遭難者といっしょに吊り上げられて上高地へ搬送された。

ヘリポートでわれわれを迎えてくれた涸沢ヒュッテの小林銀一さんは、「ごくろうさん」と言って、ひとりひとりに桃を手渡してくれた。われわれのことを心配して、昨晩はほとんど眠れなかったようである。

ヘリポートで遭難者を別のヘリに乗せ替えたとき、彼女は小さな声で「ありがとうございました」と言った。われわれはお互いに握手を交わし、遭難者を無事救助できたことを喜び合った。そのときに感じていたのは、困難な救助をみんなでやりとげた充実感であった。

懸命の救助の甲斐あって、遭難者は一命をとりとめることができた。そうとう重傷のように見えたが、体幹部に損傷を受けていなかったことが幸いしたのだろう。

山岳遭難救助は、警察の隊員だけでは絶対に成り立たない。山小屋の関係者、民間常駐隊員らの協力があって初めて遭難者を救助できるのである。今、われわれは、歴代の先輩たちが築いてくれた彼らとの人間関係を引き継いでいる。人間関係を良好に保ちながら、今後も協力し合って登山者の安全を守っていきたいと思う。

登山者が最後に帰るべき場所

谷本亮典（大町警察署　一九七八年、神奈川県出身）

救助する側へ

私が遭難救助の仕事に興味を持つようになったのは、大学時代に富山森林管理署のグリーンパトロールのアルバイトをしていたときの経験が大きく影響している。

グリーンパトロールは、夏山シーズン中、室堂、薬師岳、雲ノ平、朝日岳、白馬岳、唐松岳、五竜岳、鹿島槍ヶ岳などを舞台に、高山植物の保護活動等を行なうのが主な仕事で、私はトータルで六年間、このアルバイトをやっていた。

その初めての年、パトロールで鹿島槍ヶ岳から八峰キレットの間の吊尾根を通りかかったときに、登山者が長野側に五〇メートルほど滑落するという事故にたまたま出くわした。しかし、山の技術も未熟な私たちにできることといったら、遭難者に声をかけて励ますことぐらいで、救助隊がやってくるのをその場でじっと待っているしかなかった。

しばらくすると遭対協の隊員が駆けつけてきて、てきぱきとした動作で遭難者を救助・搬送していった。その迅速でスムーズな仕事ぶりに感心する一方で、もしあのとき自分たちになにかできていたら、との思いがずっと私の心の中に引っかかることになる。

遭対協の救助隊員とは、その後も何度かいっしょになった。パトロール中に同じ山小屋に泊まり合わせたこともあれば、お互いに協力し合って登山道の整備を行なったこともあった。やはり事故現場に遭遇し、救助作業のサポートをしたことも何度かあった。

そういった経験を重ねていくうちに、遭難救助の仕事をやってみたいという思いが芽生え、どんどん大きくなっていった。警察の組織内にも山岳救助隊が結成されていることを知ってからは、その思いは確固たるものになった。

平成十六年四月、警察官試験に合格して夢への第一歩を踏み出したのち、念願がかなって救助隊員を拝命したのは、大町署への異動を命じられた平成十八年四月のことである。

それから一カ月後の五月一日、仕事が休みで家にいた私のもとに緊急招集の電話がかかってきた。

「山岳遭難事故発生。冬山装備を持って至急、大町署まで来てもらいたい」

事故の概要もわからないまま、大町署に駆けつけてみると、いきなり鉄のスコップを渡され、そのままヘリポートへと連れていかれた。そこで初めて「針ノ木大雪渓で雪崩事故が発生した」という話を聞かされたのだが、依然として詳細はわからない。雪崩で複数の登山者が埋まっていることを知ったのは、ヘリコプターで現場に到着したあとだった（ちなみにこのとき私はヘリからホイストで降りる方法を知らなかったので、その場で先輩隊員に教えてもらって降りた）。

雪崩が発生したのはこの日の午前十一時半ごろで、大雪渓を登高中だった山スキーヤーの四人パーティと単独行の登山者の計五人が巻き込まれた。そのうち四人パーティのひとりは自力で脱出したが、四人が行方不明となっていた。

現場にはひと足早く先発隊が到着しており、大沢小屋の従業員らとともに捜索を開始していた。鉄のスコップを持たされたのは、先発隊からの「雪が固くて鉄のスコップじゃないと掘れない」という報告があったからだった。

雪崩事故が起きて５時間半後、最後に掘り出した埋没者は奇跡的に生存していた

先発隊と合流した私たちもすぐに捜索に加わったが、未熟者の私はなにをすべきかを自分で判断することができず、指示されたことを淡々とこなす救助活動であった。後発隊の到着直後にひとりが遺体で発見され、午後五時ごろまでに埋没者全員を掘り出すことができた。四人中三人は亡くなっていたが、最後に掘り出された女性は、約五時間半も雪の中に埋まっていたにもかかわらず、奇跡的に一命をとりとめた。ちょうど岩と雪の間に隙間ができていたところに埋まっていたようで、掘り出したときには意識があり、支えれば自力で歩ける状態だった。

救助活動を終えてヘリポートに帰還し、装備を片づけているとき、やっと自分が救助する側になったことを初めて実感できた。それまでは現場に居合わせても、自分が直接、遭難者を救助するわけではなく、救助を行なう先輩隊員や遭対協の隊員らのサポートに回っていた。そういう意味では、これが私の初出動となった。

自分の手で初めて救助活動を行なってみて感じたのは、先輩隊員や民間救助隊員との救助技術や経験の差であった。彼らのスピーディでムダのない動きを見ていて、「自分も早く先輩隊員のようにならなければ」という思いをいっそう強くしたのだった。

遺された者の思い

同じ年の七月六日の午後四時三十九分、「鑓温泉で小屋を建設している作業員が下山しない」という連絡が大町署に入った。行方不明になっているのは五十六歳の男性で、この日の昼ごろ下りてくる予定だったが、いくら待っても下りてこなかったため、家族から相談を受けた会社が警察に届け出てきたのだった。

捜索はその翌日から始まった。最初は鑓温泉から猿倉間の登山道とその周辺を重点的に捜したが発見できず、捜索範囲はどんどん広まっていった。地上からは警察と民間合わせて多くの救助隊員がしらみつぶしに捜索を行ない、もちろんヘリコプターも投入された。ところが男性はどこに消えてしまったのか、手がかりひとつつかめなかった。

気の毒だったのは行方不明者の家族だ。

「残念ですが、今日はなにも発見できませんでした」

徒労に終わったその日一日の捜索状況を伝えなければならず、報告を聞きながら母親と奥さんが泣き出してしまったこともあった。またあるときは、捜索隊の帰りを家族が交番まで来て待っていたこともあったし、突然交番を訪ねてきて「こちらのほうも捜してもらえませんか」と言ってきたこともあった。家族にしてみれば、わずかでも可能性があるのなら、すべて試してみないことには気がすまなかったのだろう。

結局、関係者の懸命の捜索の甲斐なく男性は発見されず、一週間ほどで捜索は打ち切られてしまった。捜索が長期化する場合、どこまでやったらいいのか、どこで線引きをするのかの判断は非常に難しい。警察としてはその事案だけに関わっているわけにはいかないので、どこかの時点で捜索を切らざるを得ず、その後、新たに手がかりが見つかればまた再開することになる。このケースについていえば、事故から五年経った今も行方不明者は発見されておらず、手がかりさえ見つかっていない。

個人的な話になって恐縮だが、私の妻は知人を山の遭難事故で亡くしている。その遺体が発見されたのは、事故から約半年後のことだったが、その間、妻はずっと不安と悲しみを抱え続けていた。ましてやそれが血を分けた家族となれば、遺された者の思いはいかほどのものであろうか。

言うまでもないことだが、家族にとっては、愛する者が生きて帰ってくるのがいちばんである。だが、たとえ山で亡くなってしまったとしても、その亡骸が家族のもとに帰ってくるのとこないのとでは、天と地ほどの大きな違いがある。帰ってくれば家族は現実を否応なく受け入れざるを得ないが、帰ってこなければ家族の気持ちはいつまでも中途半端なままだ。

もちろん、任務として遭難救助に当たっているわれわれが、遭難者の家族と同じ気持ちを持つことは不可能である。それでなくても事故は次々と起こっており、いつまでも過去の事案に引きずられているわけにはいかない。しかし、少なくとも残された家族の気持ちは胸に刻んでいる。だから、どんな形であっても、最終的には遭難者を家族のもとに帰してあげたいと思うし、その使命感だけは常に持ち続けていたい。

と同時に、自分自身、なにがあっても家族のもとには帰らなければならないと思っている。ある意味、二重遭難を起こさずに無事に帰ってくるのが私たちの仕事だといってもいい。

なにがなんでも家族のもとに帰る――すべての登山者にはその気持ちを持っていただきたい。

異動は事故を背負って

宮澤　正（大町警察署　一九六〇年、長野県出身）

救助隊への再入隊

十四年間務めた救助隊を除隊したのは平成十一年のことだ。隊を外れたときはそれなりに寂しさもあったが、もうこれで危険な目に遭わずにすむという安堵感も大きかった。救助の仕事に就いている以上、予期せぬことは絶対にあるし、自分では気がつかないところで失敗をしていることも少なくないだろう。そのときはたまたま運がよかっただけで、一歩間違えれば命を落としていたかもしれないのだ。それを考えるとほんとうに怖くなる。だからこのへんが潮時だろうという気もしていた。

除隊後は、テレビで遭難の報道を見るたびに、「××署はご苦労なことだ」「わ、凄い場所で救助しているな。もうあんなところへは怖くて行けないな」などと他人事のように思っていた。ところが、松本署で勤務していた平成十七年、松本市と安曇村が合併したことにより、旧豊科署（現安曇野署）の管轄だった北アルプス南部地区を松本署が受け持つようになった。これに伴い、長野県警察山岳遭難救助隊松本班が編成され、私も七年ぶりに救助隊に復帰することになってしまったのである。

北アルプス南部地区での救助活動は、旧豊科署や機動隊に所属していたときに幾度となく経験していたので、さほど心配はなかったが、六年間のブランクと新しい体制には不安を感じていた。とくに体制面では、突如として北アルプスでもいちばん遭難事故が多いエリアを管轄することになったので、最初のうちは混乱も多かった。なにしろ約三〇〇人の署員がいても、北アルプスの地理を知る人はほとんど皆無。四人の救助隊員のうち救助経験がある人は私と岡田警部補の二人だけ。装備も充分ではなく、その装備を保管する倉庫すらなかった。

そんな状態だったから、事故の通報を受けても、地名を聞き間違えたり伝言がうまく伝わらなかったりして、話がちんぷんかんぷんだったこともよくあった。山小屋の皆さんも、従来の管轄とは変わってしまったうえ、警察に連絡してもこれまでのように話がなかなか通じないので、ずいぶん戸惑ったことだろう。埒《らち》があかないときには、私の携帯電話に直接電話がかかってくることもあった。

それでも山小屋や遭対協救助隊員の皆さんが久々の再会を喜んでくれ、これまでと変わらない尽力を惜しみなくしていただいたことはとてもありがたかった。

槍・穂高連峰での遭難事故の場合、事故発生の一報を受けると、現場にいちばん近いところにいる山小屋の従業員に出動を要請して出てもらうことが多い。依頼するほうからすれば、相手の顔や実力がわかっているので、安心して任すことができるのだ。とはいえ、事故は時間を選んでくれず、宿泊客でごった返しているときや夕食の準備に忙しい時間帯に発生することもある。「今は無理だ、と言われたらどうしよう」と心配しながら電話をするのだが、これまで断られたことは一度もなかった。救助活動においては山小屋の方々の協力は不可欠であり、ほんとうに頭が下がる思いだ。

しばらくすると松本署内の体制も徐々に落ち着き、混乱もほとんど起きなくなった。

個人的なことでいえば、救助隊に復帰してみて「こんなはずじゃなかった」と感じたのは、若い隊員についていけなかったことである。ブランクの期間中はふつうのお巡りさんにもどっていたのだから、それも仕方がない。それでもなんとかついていけたのは、歩き方や休み方のコツを体で覚えているからだ。

もちろん、怖さもあった。怖さは以前隊員だったときからずっとあったので、復帰したときはましして怖かった。だが、怖いからこそ慎重にもなるし、安全にも充分気を遣うようになる。怖さを感じなくなってしまったら、もうおしまいだろう。

一時、救助隊を除隊していたときのことである。ある日、なにげなく「山へ行ってくる」と妻に告げて出かけようとしたところ、妻は「仕事でもないのに、なんで山に行かなきゃいけないわけ？　絶対にダメ」と、突然、怒り出したことがあった。「ここらへんの山は知っているし、危ない場所もわかっているから大丈夫だ」といくら言っても、彼女は一歩も譲らなかった。

在隊中、ヤバそうな現場に行くときには、いつもと変わらぬ様子で家を出たり、仕事の話をしないようにしたりして、自分なりに気を遣っていたつもりだった。妻もまた、平静を装っているように見えたのだが、いつも心配していたに違いない。除隊して山へ行かなくなったとき、妻の心配の種もようやく解消されたはずである。なのに、仕事でもないのに「山に行く」と言い出したものだから、つい怒りが込み上げてきたのだろう。

考えてみれば、妻から「大丈夫なの?」「危ないからやめてほしい」といった言葉を聞いたことは一度もなかった。それは私に負担をかけさせないための、彼女なりの配慮だったのだ。

救助隊員に復帰してからは、一度も「山へ行くな」と言われたことはない。私が救助に出動するときは、「じゃあ行ってくるね。現場によっては、今日は帰ってこれないかもしれないけど」と、さらっと家を出てくるようにしている。

たしかに昔は気持ちのうえではイケイケで現場に行っていたかもしれない。だが、今はそれなりに経験を積んできたし、妻も子どももいる。立場的にも、遭難者を救助するのは当然として、いっしょに行った若い隊員たちがケガをしないように目を光らすのも重要な任務のひとつだと思っている。もう無理はできないし、すべきでもない。

今、再び留守を守ってくれている妻には、改めて感謝したい。

着任した日に事故発生

再入隊から四年が経った平成二十一年三月十八日、私は松本署から大町署へと異動した。晴天の暖かい日であった。午前中に松本署で辞令を受け、昼前に大町署に着任した。署長は、機動隊に所属していたときに救助隊の分隊長であった山の大先輩、翠川幸二警視である。

とりあえず昼食をとり、引越しの荷物の片づけを始めたときだった。自家用車からダンボール箱を下ろし、机に事務用品を入れるため紐を解いていたところに、遭難事故発生の一報が入ってきた。

その日の朝、地元遭対協白馬班の松本さんが遠見尾根を登っているときに、小遠見山付近の稜線で半分つぶれかけたテントを発見した。テントの入口から足が出ていたので、中をのぞいてみると、意識のない登山者が横たわっていた。のちに判明したことだが、男性は六十二歳の単独行者で、悪天候下でのビバーク中に低体温症に陥ってしまったのだった。もしたまたま松本さんが通りかからなかったら、間違いなく命を落としていただろう。

連絡を受けた翠川署長は、ただひとこと、「行ってこい」と言った。

実のところ、そのときの私は、心配していたことが思いのほか早く起きてしまってかなり動揺していた。というのも、槍・穂高連峰を中心とする北アルプス南部地区は、長年勤務してきたので地形も状況もよくわかっていたが、北部地区に関しては、主な山の名前ぐらいはわかるものの、実際には歩いたことのない場所がほとんどだったからだ。地形や地名は、赴任してから徐々に覚えていけばいいやと思っていた。まさかその赴任した当日に出動することになるなんて、考えてもみなかった。

現場は、遠見尾根の一ノ背髪のあたりだという。しかし、遠見尾根さえ歩いたことはなく、「一ノ背髪」といわれても、それがどこなのかまったくわからない。地理感のない場所でのレスキューは、万一のときにとっさの対処ができず、そのぶん危険度が高まる。できれば知らない場所へは行きたくはなかった。

だが、そんなわがままが通るはずもない。慌てて自家用車から山の装備を降ろし、出動準備を整える。地図で現場を確認してみると、白馬五竜スキー場の上部からそれほど離れておらず、万が一、ヘリでピックアップできなくても、人力搬送でなんとかなりそうだった。なにより、現場にいるのが松本さんだというのが心強かった。北アルプス北部に明るくない私にとって数少ない知り合いであり、その実力もよくわかっていた。

幸い現場の天候が安定していたためヘリでの救助が可能となり、大町の観音橋へリポートから県警ヘリ「やまびこ」に搭乗し、現場へと向かった。機内では、航空隊救助係の櫛引係長が私の顔を見て、さもなにか言いたげな顔をしていたが、とくになにも言うことなく、救助の段取りについての説明を受けた。

現場到着後、櫛引、宮澤の順にホイストで降下し、待機していた松本さんに声をかけた。

「どこかで見た顔だなと思ったら、宮澤さんかい。いつ、こっちへ来ただい」

「今日からです。よろしくお願いします」

短い挨拶を交わしてすぐに救助にとりかかる。遭難者はシートで保温され、荷物もすでにまとめられていた。さすが松本さん、段取りにムダがない。保温用のシートを外し、ヘリハーネスを装着して、あっという間に準備は完了した。だが、遭難者は意識がなく、声をかけても「ウー」と唸るだけである。状況からして重度の低体温症が疑われたので、高度な医療を受けられる松本市内の病院への手配を無線にて要請する。

ホイストで遭難者を機内に収容したころには、受け入れ先の病院の承諾もとれ、ヘリは一路、松本方面へと向かった。その途中、望月パイロットに「宮澤さん、観音橋で降りますか」と聞かれた。私は今日から大町署に赴任してきているので、松本まで行ったら大町までもどってこなければならない。そのことを気にかけて声をかけてくれたのだが、観音橋へリポートに立ち寄ると約五分のロスになるという。

遭難者の反応は先ほどよりも悪化し、大声で呼びかけ続けても、顔の筋肉がピクピクと動く程度になっていた。もはや迷っている暇はなかった。

「病院へ直行してください。帰りのことはあとで考えます」

ヘリはそのまま松本へ直行し、病院の屋上ヘリポートに着陸して遭難者を医師に引き継いだ。所持品から身元も判明し、家族とも連絡がとれた。

あとで医師に話を聞いたところによると、病院に到着した時点で遭難者の心臓は止まりかけており、かなり危険な状態であったという。あのとき「降ろしてくれ」なんて言わなくてよかったと、胸をなで下ろした。

その後、遭難者は順調に回復し、わざわざこちらまで挨拶に来てくれた。助けた方が元気な姿を見せてくれるのは、嬉しいことである。奥さんも大変喜んでいる様子だった。低体温症の治療を優先したため、凍傷の後遺症が多少残ったそうだが、それも生きていればこそだ。助けたのはいいが、植物人間になってしまったというのでは、こちらもやりきれない。救助の結果としていちばん望ましいのは、生存していることはもちろん、遭難者が社会復帰できることである。その点、この件は救助隊員冥利に尽きるものであった。

昔は、救助隊が現場に着く前に亡くなっていたり、背負って下ろしている最中に息を引き取ったりすることも多かったが、今は生きているうちに病院まで搬送できる。昔を知る者にとって、救助技術の進歩は驚くばかりである。

この救助のあと、隊の仲間からは「(松本から事故を)背負ってきたな」とよく言われたが、あえて反論せず、「はい、そのとおりです」と答えていた。現場に向かうとき、櫛引係長がなにか言いたそうにしていたのも、おそらくそのことだったのだろう。

命をつなぐ連携プレー

井田光一（松本警察署　一九七八年、静岡県出身）

心に響いた遭難者の言葉

山岳遭難救助隊員になって初めて救助を行なったのは、平成二十年六月九日のことだった。ちょうど自宅で梅酒を漬けていたときに連絡を受けたので、その日のことはよく覚えている。

事故の発生は午後三時半ごろで、上高地から岳沢に向かっていた男性二人パーティのうち三十六歳の男性が雪上でスリップ。約五メートル滑落してケガを負い、携帯電話で救助を要請してきたのだった。連絡を受けた航空隊は県警ヘリ「やまびこ」を出動させ、何度か現場への接近を試みたが、悪天候のため救助できず、地上から現場へ向かうことになった。

先輩隊員二人とともに上高地を出発したのが午後七時。現場まではおよそ二時間

の行程で、何度か歩いているはずの道だったが、日が暮れてあたりが暗くなってい
たせいか、妙に長い道のりに感じられた。ケガをした遭難者が待っていることを思
うと、少しでも早く現場に行ってあげたかった。しかし、夜間の救助はいっそうの
危険と困難が伴うので、焦りは禁物である。すでに雨は上がっていて、われわれは
ヘッドランプと月明かりを頼りに、一歩一歩確実に、かつスピーディに歩を進めて
いった。

現場に着いたときには、あたりはもうすっかり真っ暗になっていた。雨具を着込
んだ遭難者は、登山道の下の雪の上で、ガタガタと震えながらうずくまっていた。
もしこれが下界だったら、すぐに救急車が来てくれて病院で手当を受けることがで
きるだろうし、暖かい毛布で体を暖めることも可能だろう。だが、山ではそこにあ
るものと、そこにいる者がすべてだ。万一のときでも、孤独でなにも頼るものがな
いのが山という場所なのだ。

遭難者のケガは右足首の骨折で、ちょっとなにかに触れただけでも苦痛の呻き声
を上げるような状態だった。遭難者が持っていたストックとガムテープでとりあえ
ず負傷箇所を固定したのち、ベテランの先輩隊員が現場の状況を考えて決断を下し

た。

「遭難者は体力を消耗しているので、ここで朝までヘリを待つのは危険だ。三人で担いで下ろすぞ」

これからどうするんだろうと不安になっていた私は、そのひとことで「絶対無事に下ろしてやる」という気持ちに切り替えることができた。

とはいっても、たった三人で成人男性を背負って下ろすのは容易なことではない。ひとりが遭難者を背負い、ひとりが道先案内人となって足元の安全を確保し、もうひとりがロープで確保することを交代で繰り返しながら下ろすのだが、夜間だったし道も濡れていたので、たった十歩進むのに五分もかかってしまうのだ。十分も担いでいると足がプルプルと震え出し、そこで次の人に交代となった。

自分では気をつけているつもりでも、なにかの拍子に背負っている遭難者の足が木や岩などに当たってしまい、そのたびに苦痛の悲鳴が聞こえてきた。まだシーズン前だったので登山道には倒木がたくさんあり、そこでは遭難者を下ろして乗り越え、ケガ人には這って倒木の下をくぐってもらった。背負われているほうも、そうとうキツかったと思う。

遭難者の気をまぎらわせるため、最初のうちはいろいろ話しかけていたが、だんだん口数も少なくなってきて、しまいには「はい交代」「せーの」という言葉だけになった。

ゆうに二時間が過ぎ、最初の意欲もいつしか萎えていた。ついさっきまでは正義感の塊みたいだったのに、どんどんわがままが膨らんでいって、「もう自分の順番か」「重たい。辛い。早く帰りたい」と、自分に都合のいいことしか考えられなくなっていた。救助隊員である以前に、警察官としての自覚も責任もなくしていたのだから、今振り返ってみてもサイテーだったと思う。

担いで下りる一歩一歩はおのずと乱雑なものとなり、濡れた岩の上で何度も足を滑らせた。そのたびに、うしろで確保してくれている先輩隊員から叱責の声が飛んできた。

「なにやってるんだよ。ケガ人を背負ってるんだぞ」

「お前が滑ってどうするんだ。もっと気を遣えよ」

何度怒られたのかわからない。救急車の赤色灯が急に視界に入って、いつしか上高地まで下りてきていたことを知った。

背負うのもこれでラストかなというときに、宮澤係長に「じゃあ、最後は井田が背負え」と言われ、自分が遭難者を背負って救急車に収容した。その瞬間はやはり嬉しかったし、充実感もあった。「最後に背負え」と言ったのは、宮澤係長の愛情だったのだろう。

なんだかいろいろな自分が現われた、夢のなかの出来事のような救助活動が終わり、いつもの交番勤務にもどって日々の仕事に追われていた。そんなある日、先輩隊員から一通の手紙を手渡された。それは、私の初出動となった遭難者からの礼状だった。手紙を手にすると、あのときのサイテーな自分が思い起こされて、なんとも複雑な気持ちになった。だが、手紙に書かれていた言葉に救われる思いがした。

「救助隊の皆さん、ありがとうございました。また山に登れます。背中のぬくもりを忘れません」

そのひとことで目が覚めた。あのときはなんて小さなことを考えてしまったのだろう。自分はこんなにも責任のある仕事をさせてもらっているのである。だったら誇りと勇気を持つべきだ。手紙の主は、それを私に教えてくれたのだった。

ひとつになった隊員の思い

山岳救助隊の指名を受けて二年目の平成二十一年、思わず涙がこぼれそうになった救助活動があった。それは九月のシルバーウィークに涸沢で常駐を行なっていたときのことである。秋の涸沢や槍沢は、登山者の間ではよく知られた紅葉の名所であり、とくにシルバーウィークには多くの登山者が槍・穂高連峰に入山していた。

救助要請は、入山して二日目の夜にあった。三十歳代の双子の姉妹が槍ヶ岳の山頂から下山を始めて間もなく、ひとりが滑落して頭を強く打ち、昏睡状態に陥っているとのことであった。遭難者はなんとか槍ヶ岳山荘に運び込まれたが、様態はかなり悪く、動かすことすらままならない状態だという。たまたま登山で来ていた医師と看護師が山荘に泊まり合わせており、常備してあった点滴等で一命はとりとめていたが、一刻も早く病院に収容する必要があることは、誰もが感じていた。

しかし、事故の発生は午後五時三十五分。遭難者を槍ヶ岳山荘に収容したときにはもう夜になっており、ヘリコプターの出動は朝まで待たなければならなかった。

また、天候も雨で、標高二〇〇〇メートル以上はガスが立ちこめていて、地上での搬送も見合わされた。

長い夜が過ぎ、ようやく朝がやってきた。だが、天気は回復せず、ヘリコプターは依然、飛べない状況であった。

遭難者をどのようにして救助するかについては、本部でも意見が分かれたようだ。「頭を打っているので、無理して下ろすのは危ない。天気が回復してヘリが飛べるようになるまで待つべきだ」という意見がある一方で、「一刻も早く病院に運ばなければならない状態だから、どんな手段を使ってでも下ろすべきだ」と主張する人もいたという。

しばらくして、涸沢で待機をしていたわれわれのもとに、松本警察署の救助隊の先輩から指示が入ってきた。

「強行突破だ。ヘリコプターは待ってられない。下ろすぞ」

それを受けて、涸沢からはわれわれ五人の隊員（県警隊員二人、遭対協隊員三人）がただちに現場へ向かうことになった。とはいえ、槍ヶ岳へ行くにはいったん横尾に下り、そこから槍沢を登り返していかなければならず、数時間はかかってしまう。そこで殺生ヒュッテ、槍沢ロッヂ、横尾山荘の各山小屋からも遭対協の隊員を出してもらい、ひと足先に現場へ向かってもらっていた。

われわれは涸沢から横尾まで走って約四十分で下り、さらに横尾から猛スピードで槍沢を遡っていった。その間に先発隊は遭難者らと合流し、すでに搬送を始めているという連絡が入ってきた。遭難者は意識がなく、背負って下ろすと状態を悪化させてしまう怖れがあったため、みんなでストレッチャーを担いで搬送しているという。山荘に泊まっていた医師も付き添ってくれているそうだ。

涸沢を出て二時間ほど経つと、足がパンパンに張ってきた。われわれもギリギリの状態であり、やがて両足がつりはじめ、さすがに気が滅入りそうになってきた。

そんなとき、遭対協の先輩隊員がぼそっと「生きてほしいよね」とつぶやいたのである。その先輩は、私が警察官になる前、遭対協の隊員として涸沢に常駐していたときにお世話になった方だった。彼の言葉は、ともすればめげそうになる私を初心にもどしてくれた。「そうだ、俺はなんのために救助隊員になったんだ」と自分に言い聞かせながら、必死になって登山道を登っていった。

ガスのなかから、「せーの、せーの」というかけ声が聞こえてきたのは、天狗原分岐のあたりまで来たときだった。汗だくになりながらストレッチャーを搬送してきた隊員らの勇姿を目のあたりにしたときは、思わず熱いものが込み上げてきて、足の疲れも吹き飛んだ。

そこから十数名の男たちが何度も交代を繰り返しながら、ストレッチャーに乗せられた遭難者を下ろしていった。その傍らには遭難者の妹が付き添い、泣きながら「お姉ちゃん、お姉ちゃん」と声をかけ続けていた。

だが、大曲りのあたりに差しかかるころには、みんなに疲れの色が濃く、クタクタの状態になっていた。ほとんど休まずに何時間も重労働を続けているのだから、それも無理はない。遭対協の隊長の山口孝さんから声がかかったのはそのときだった。

「ここだったらピックアップできる。ガスが切れたから、ヘリ、いけるんじゃないか」

そのひとことは、とにかく下ろすことだけに必死になっていたわれわれに、希望の光をもたらした。ガスは上がったり下がったりしていたが、隙を突けばなんとかなりそうだった。私は無線で航空隊に連絡を入れ、現在地と天気の状況を伝えてヘリの出動を要請した。

われわれはその場に腰を下ろし、ガスの隙間からヘリコプターが現われてくれることをひたすら願った。意識のない遭難者を取り囲んだ隊員らは、「がんばれよ」「がんばれよ」と懸命に声をかけながら、手を握り、体をさすり続けた。このときの救助隊員の気持ちはみな同じ、「とにかく助かってほしい」という一念だったと思う。

しばらく待っていると、「やまびこ」独特のローター音が聞こえてきた。誰かが「お、来た来た来た」と声を上げる。やがて、地べたを這うようにして飛んできた「やまびこ」の青い機体が、ガスのなかから姿を現わした。

遭難者には事前にピックアップ用のハーネスを装着していたので、収容作業はあっという間に終了した。そのあと、みんながいつまでも飛び去っていくヘリの機体を見つめていたのが印象的だった。

そろそろ夕暮れが迫りつつあった。山小屋から出てくれた遭対協の隊員には、これから山小屋での仕事が待っている。ヘリが見えなくなると、彼らは「お疲れさん」と声をかけ合いながら、それぞれの山小屋に帰っていった。みんな疲れ切っているはずなのに、その背中は「やった感」でシャンとしていたような気がした。

みんなの願いが通じたのだろう、救助された女性は一命をとりとめたという。

「さあ、帰ろうね」に込めた思い

中禮陽介（松本警察署　一九七八年、福岡県出身）

九州出身の私が救助隊員を志したのは、就職活動中に手にした山の雑誌に、山岳救助隊の記事が掲載されていたことがきっかけだった。それを見て長野県警に救助隊があることを知り、だったらそこの救助隊員になろうと単純に考えたのである。

希望がかなって平成十四年に長野県警察官の拝命を受け、翌年、豊科署（現在の安曇野署）に配属。そこで上司だった救助隊員の推薦をいただき、平成十六年四月に晴れて救助隊員に任命された。

いちおう大学時代はワンダーフォーゲル部に所属していたので、山はまったくの素人というわけではない。ただ、九州の山にはけっこう登っていたものの、中部山岳にはほとんど登ったことがなく、年に一度の夏山合宿のときに遠征するぐらいだった。ましてロープを使ったクライミングの経験は一度もなく、長野市近郊の通称「物見の岩」で行なわれた結隊式（という名のいちばん最初の訓練）では大いに戸惑ったものだった。

救助隊員になって強く感じたのは、遭難救助となると趣味の山登りとは根本から異なり、まったくの別世界だということだった。入隊するまで私は、救助というのはある程度、隊員の個々のセンスで行なうものだと思っていた。しかし、航空隊が出動していって短時間のうちに作業を終えてしまうケースは別にして、救助活動においていて最も重視されていたのがチームワークだった。リーダーの元での指揮系統がしっかり確立されていて、そのなかでなおかつ個々の高いレベルが要求されるのが救助隊である。それは、入隊してみて初めてわかったことだった。

そういう意味では、思っていたことと現実とのギャップはすごく大きかったが、それは「まあこんなもんだろう」と割り切るようにした。また、救助隊員としての経験を積んでいくうちに、「そうじゃないとできないんだ」ということもわかってきて、ギャップもそれほど気にならなくなっていった。

平成十六年七月、救助隊員になって初めての夏山常駐が涸沢ではじまった。朝は先輩隊員から地形や遭難多発箇所についての説明を受けながら登山者の補導を行ない、日中は万一に備えた技術や知識の修得に励んだ。最初は右も左もわからず、戸惑うことも多かったが、山のなかでの寝起きを何日も繰り返すうちに、徐々に常駐生活にも慣れていった。

常駐期間中には遭難事故も何件か起きた。救助要請があるたびに、先輩隊員らは慌しく現場へと急行していった。われわれ新人隊員は、救助用装備の準備、物資の搬送、無線の中継など、主に後方支援を担当した。遭難者を人力で搬送する際に人手が足りなければ応援に行くこともあったが、もっぱら先輩隊員をサポートすることがわれわれの役目だった。

救助技術の基礎も身に付いていないわれわれが、いきなり現場に行っても足手まといになるだけだから、それは仕方がない。だが、やりたくてなった救助隊員である。遭難事故は起きてほしくなかったが、救助要請があったときには自分も現場に駆けつけて活動したいというのが、そのころのいつわらざる本心だった。

そんなことを思いながらも、常駐活動は終盤に差しかかっていた。その日も朝からよく晴れていて、涸沢から北穂高岳や奥穂高岳に向かう登山道には、アリの行列のような登山者の長い列が続いていた。

いつものように、「今日も事故がないように」と祈りながら常駐基地の前で補導活動をしていると、突如、北穂沢のほうでガラガラという落石が起きる音が上がった。音がしたほうに双眼鏡を向けてみたところ、北穂沢の草付の中間部あたりの登山道上に、何人も登山者が群がっているのが確認できた。

「落石が登山者に当たっていなければいいのだが」

そう思いながらしばらく様子を見ていると、登山者のひとりがこちらに向かってタオルを大きく振り、大声でなにかを叫びはじめた。距離が離れていたので、なにを言っているのか聞き取れなかったが、緊急事態が起きたことだけは間違いなかった。

とにかく現場の状況を確認するため、私と先輩隊員の二人は無線機だけを持って現場へと走り出した。常駐基地から見ると現場はそれほど離れていないように見えたので、時間もかからず到着できるだろうと思っていたが、とんでもなかった。気持ちだけは前へ、前へと行っているのだが、あっという間に息が上がり、足も動かなくなってきた。標高三〇〇〇メートルという高所の影響がこれほどまでとは思わなかった。まごまごしているうちに先輩隊員はどんどん先に行ってしまい、あっという間に見えなくなった。列を成していた登山者は、「どうぞ」「急いでください」などと言いながら道を譲ってくれるので、立ち止まって休むわけにもいかず、苦しさで心臓がばくばくになりながら、必死になって先輩隊員のあとを追っていった。

ようやく現場に着いてみると、頭から多量に出血し、片目にも損傷を受けている登山者が倒れていて、同行者が一生懸命タオルで止血しようとしていた。遭難者は六十歳の男性で、六人パーティで登山中に落石を受けたという。落石は南稜の取付付近から自然発生し、落下途中で砕けたうちのひとつ、ひと抱えほどもある一メートル大の石が男性を直撃したとのことだった。その場にいた登山者はみんな必死で落石を避けようとしたらしいが、不幸にもこの男性は避け切れなかったのだろう。

遭難者の意識は混濁し、辛うじて息はしているという、非常に危ない状況に陥っていた。

すぐさま先輩隊員は遭難者の救護にあたり、私は常駐基地に無線で状況を伝えるとともに、ヘリコプターの出動を要請した。このときたまたま登山に来ていた医師が通りかかり、自ら名乗り出て応急処置をしてくれたのは不幸中の幸いだった。医師から指示された必要な薬や医療器具は、涸沢の夏山診療所から隊員が一丸となってバトンリレーのようにして運び上げた。そうしている間にも遭難者の意識レベルはどんどん下がっていき、死んでしまうのではないかと気が気ではなかったが、とにかく自分にできることを精一杯やるしかなかった。

ヘリは三十分ほどでやってきて、一分程度で遭難者を収容すると、またすぐに飛び立っていった。結果的に遭難者の命が助かったのは、医師の適切な指示と、救助隊員ひとりひとりの救助にかける熱い思いがあったからだと思う。

この初めての救助において、遭難者を迅速に救助できたことは、私の救助に対する責任感と使命感をより強くしたのだった。後日、遭難者が一命をとりとめたことを聞いたときは、ほんとうに嬉しかった。

だが、遭難者の命をいつも助けられるとはかぎらない。われわれの願いが届かず、残念な結果になってしまうことも決して少なくはない。今まで救助活動を行なってきていちばん辛かったのは、目の前で遭難者が亡くなってしまったときである。

その事故は、平成二十年の夏に起きた。奥又白池にベースを設け、前穂高岳でクライミングを楽しんでいた三人パーティが、ベースに向けて下山しているときに道を間違え、途中で間違いに気づいて登り返しているときに五十四歳の男性が落石を受けてしまったのだ。

三人のうちひとりは遭難者に付き添い、もうひとりは救助を要請するため穂高岳山荘に向かった。そのとき、私はちょうどパトロールで穂高岳山荘に来ていた。そこに駆け込んできたのが、遭難者の仲間であった。

その日はもう時間的に現場へ行くのは無理だったので、翌朝を待って救助活動を開始した。現場に着いたとき、遭難者にはまだ意識があり、受け答えもできる状態だった。だが、ヘリでピックアップできる場所に移動させたころから容態が悪化した。われわれが駆けつけてきたのを見て、「これで助かった」と思って気持ちが切れてしまったのだろうか。「まだ助かったわけではないから気を抜かないで」とは言っていたのだが……。

ヘリはすぐそばまで来ていて、音も聞こえていた。しかし、現場付近にはガスが張り付いていて、どうしても進入してくることができない。われわれや仲間が口々に「がんばれ」「がんばれ」と励まし続けたが、遭難者の反応はどんどん弱くなり、ついには心肺停止状態になってしまった。急いで心肺蘇生法に切り替え、心臓マッサージを一時間以上行なったが、とうとう遭難者が息を吹き返すことはなかった。

結局、その日のうちに遺体をピックアップすることはできなかった。いっしょに帰れなかったのが心残りで、後ろ髪を引かれる思いでわれわれは現場をあとにしたのだった。

間一髪のところで遭難者の命を救えなかったこの事故は、とてもこたえた。「さっきまで生きていたのに」「ヘリが目の前まで来ていたのに」「ああすれば助かっていたのではないか」などと考えると、どこにもぶつけようのないやり切れなさだけが残った。

元気に「行ってくるね」と家族に告げて家を出ていったのに、山から帰ってきたときには冷たくなっている。愛する人を失った家族の悲しみが、どれほど深いか。それは今まで嫌になるほど見てきた。

それでもまだ、家族のもとに帰してあげられればいいほうだ。切ないのは、いくら捜しても発見できないというケースである。行方不明になっている間、わらにもすがる思いで何度も警察署に足を運んでいる家族もいる。その心中を考えると、最悪、遺体であってもできるだけ早く家族のもとに帰してあげたいと思う。だから遭難者の遺体を収容するときは、いつも「さあ、帰ろうね」と語りかけながら作業を行なっている。

たとえ亡くなっていても、帰れるだけまだいい。だが、いちばんいいのは、もちろん無事に生きて帰れることだ。

自分を待っている人がいることを思えば、絶対に山では事故を起こせないはずである。

第4章　思い出に残る救助活動

危機一髪だった二重遭難

小倉昌明（元山岳遭難救助隊隊員　一九六〇年、長野県出身）

夜間の捜索で仲間が雪崩に埋没

平成十八年の冬山は大荒れだった。

年末年始は雪が少なく、暖冬かと思われたのだが、二月を過ぎたあたりから変則的に雪が降り、山では降雪による遭難事故が続発していた。

当時、私は八ヶ岳連峰を管轄する茅野署に勤務していた。その八ヶ岳で、冬山合宿中の大学生三名が行方不明になっているとの通報が入ったのは、二月七日のことであった。

パーティのメンバーはOBひとりを含めた計四人で、OBが三人の部員を引率して冬のバリエーションルート、阿弥陀岳南稜を目指していた。ルートを知っているOBは、スタート時から飛ばしてどんどん先に登っていき、遅れた現役部員三人が必死でそのあとを追う形となった。ところが、OBが阿弥陀岳の山頂に到着後、いくら待っても後続の三人は現われず、引き返してルート上を捜したが発見できなかったため、救助を求めてきたのである。OBのあとを追った三人は、本人らは南稜を登っているつもりだったが途中でルートを外れており、まったく別の尾根を上がっていってしまったのだった。

署に第一報が入ってきたときには、すでに午後一時半ごろになっていた。たまたまこの日は天候が悪く、ヘリコプターによる捜索ができなかったため、地元の民間救助隊に応援を頼んで地上からの捜索を行なうことになった。

とりあえずすぐに出動できる遭対協の隊員三人と私の計四人が入山口の船山十字路に到着したときは午後四時を過ぎており、もうあたりは薄暗くなっていた。通常、この時間からの捜索・救助は行なわないのだが、このときは稜線上だけでも捜しておこうということになり、夜間の捜索が開始された。

先頭を行くのは地理に明るい地元の遭対協の隊員で、私は最後尾についた。ところが、遭対協の隊員は足が速く、登りはじめてしばらくすると体力の差が出てきてしまい、私は少しずつ遅れるようになった。

立場山を越えると、青ナギと呼ばれる斜面が右手に現われる。木が生えていない、のっぺりとした雪の斜面で、ヘッドランプの光が届く十数メートルぐらいまでは三十度ほどの斜度で切れ落ちており、その先は漆黒の闇となっていた。

時刻は午後七時過ぎごろ、私が青ナギを過ぎて少し登っていったところで、先行していた三人が引き返してきた。コールをかけながら登っていると、すぐ下のほうから声が返ってきたというのである。声はすぐ近くから聞こえたので、青ナギから下れば遭難者を発見できるかもしれないとのことであった。

青ナギまで引き返したわれわれは、雪崩を避けるため、雪の斜面の左端の樹林帯の縁を、それぞれある程度の間隔を空けながら慎重に下っていった。このときも遭対協の隊員が先行し、私は最後尾についていた。先頭はHさん、そのうしろにTさん、少し離れてKさん、そして私が続くという順番だった。

五〇メートルほども下ったときである。私が歩いているところから一〇メートルぐらい離れた右側の斜面上を、雪がずるずるとゆっくり滑り落ちていることに気がついた。

「あ、雪崩だ。危ないなあ」

そう思ったものの、自分たちがたどっているルートからは離れていたので、さほど危機感はなかった。だが、滑り落ちていく雪崩を横目に先行隊員のトレースを追っていると、先行していたはずのTさんが呆然と立ち尽くしていて、私とKさんの姿を認めるや、開口一番「雪崩にやられた」と叫んだ。

「首まで雪に埋まったが、顔が出ていたので、なんとか自力で脱出することができた。でも、前を歩いていたHさんは埋まっているかもしれない」

なんということだ。われわれは、雪の斜面の縁を左斜め下に向かって歩いているものとすっかり思い込んでいた。だが、知らず知らずのうちにトレースは真下に向かっており、先ほどの雪崩が先行していた下の隊員に襲いかかったのだった。

私とKさんは、Tさんが巻き込まれたというあたりをヘッドランプで照らしてみたが、人らしき姿はまったく見当たらなかった。ならばと、ヘッドランプの明かりを頼りに、範囲を広げて周辺の捜索にとりかかった。埋没していると思われる範囲はある程度特定できたので、だいたいこのへんだろうとアタリをつけて捜していると、倒木の向こう側の雪面から突き出ている人間の片足が目に入った。上半身は完全に雪の中に埋まっていたが、特徴ある白地に赤のオーバーズボンを履いていたのでHさんに間違いない。

「いたぞ、片足だけが出てる」

と、ほかの二人に知らせるやいなや、雪面から出ている足をつかんで引き抜こうとした。しかし雪崩で締まった雪は想像以上に固く、びくともしない。持っていたスコップを使い、三人で雪を掘り起こしながら何度か体を引っ張ってみたが、ガチガチに固まった雪の中から体を引き出せたのは、指先まで体のすべてを掘り出したあとだった。

すぐにHさんの体を安定した場所に移し、何度か声をかけるが反応はない。呼吸も停止していたため、仰向けにして胸を押してみると、口から空気が出てきたので、気道が確保されていることはわかった。あとで「脈はどうだった?」と聞かれたが、脈をとる余裕はなかった。救急法の訓練で何度か練習したことのある人工呼吸を思い出しながら、十回ほど息を吹き込むと、幸い少しずつ自発呼吸をはじめてくれた。

さらにもっと安定した場所に移動して、ツエルトやシュラフカバー、ガスコンロを使って体を温めた。小一時間もすると、どす黒かった顔に血の気がもどり、意識もだんだんはっきりしてきた。息を吹き返した直後は意味不明のうわごとを発していたが、それも徐々にしっかりした言葉に変わってきた。温かい飲み物を飲ませるなど保温に努めるうちに、どうにか低体温症の危機からは脱したようだった。

想定外のアクシデントに見舞われたわれわれは、当初はその場でビバークをすることにして、県警本部にもそれを伝えていた。だが、Hさんの回復が思った以上に早く、「これなら歩けるな」という判断になり、ビバークを中止して歩いて下山することにした。

現場から斜面を五〇メートルほど登り返し、稜線をとぼとぼ下りはじめたところで、下から上がってきた応援隊と合流した。彼らは二重遭難の知らせを受け、夜間であったにもかかわらず、急いでこちらに駆けつけてきてくれたのだった。その助けもあり、Hさんは自力で下山し、そこから救急車で病院に運ばれていった。入院はその日のみで、翌日からはふつうの生活に戻ることができたのは、ほんとうに不幸中の幸いだった。

われわれが引き返した翌日、悪天候をついて防災ヘリコプターが出動したが、条件が悪く捜索を断念。翌九日、天候の回復を待って民間ヘリコプターで捜索を行なったところ、南稜から谷をひとつはさんだ別の尾根上でビバークしている遭難者を発見し、無事、全員を救助した。

すべての救助を終えたあと、関係者が茅野市内に集まり、ささやかな慰労会が催された。その席で、署長が「よくぞ生きて帰ってきてくれた」と涙を流した姿は、今も忘れられない。

救助の仕事に賭ける思い

それまで数えきれないほどたくさんの救助に関わってきて、現場で自分が危険な目にさらされているということはあまり感じていなかった。死と隣り合わせにいるという感覚もほとんどなかった。

ただ、このときだけは違っていた。もし歩く順番が違っていたら、自分が雪崩に巻き込まれていたかもしれない。そのときに完全埋没していたら、命は助かっていたかどうか……。救助活動中、これほどまでに死を身近に感じたのは、このときが初めてだった。

このケースについては、今振り返ってみて反省点はたくさんある。まず、夜間の救助活動の実施はもっと慎重に検討すべきだったということがひとつ。前述したとおり、原則的に夜間の救助活動は行なわないことになっているが、現場や遭難者などの状況によっては、多少無理して救助を強行してしまうことは皆無ではない。とくに八ヶ岳は、アプローチが短く、現場まで短時間で到着することができるため、夜間出動していくことも多かった。しかし、山には絶対に安全なところはない。このときのように現場が特定できず、しかも捜索範囲も絞り込めないような場合には、夜間に出動していくことは適当ではなかった。

また、雪崩に対する用心も足りなかった。現場は、典型的な雪崩地形であるのっぺりした雪の斜面。そこに新雪が載っている状態で、雪崩のリスクは極めて高かった。いちおう用心のため、樹林帯の境を下っていったのだが、視界がきかない状態でそこに踏み込んでいったのは、やはり迂闊《うかつ》だった。部分埋没だったのでなんとか発見できたが、あれが完全埋没だったら見つけるのは難しく、最悪の結果を招いていたかもしれない。

それと、個人的には自分の体力不足が悔やまれた。「先んずれば人を制す」ではないが、警察官の自分が現場責任者であるべきなのに、遅れてしまったのでは方針決定もできなくなってしまう。ちょっと遅れた私が青ナギの上で遭対協の隊員三人と合流したときには、すでに「じゃあ下りよう」ということに決まっていた。みんなと話し合って判断することができず、疑問を持たずに決定に従ってしまったのは失敗だった。

同じ救助隊員であっても、県警の隊員と民間の遭対協の隊員とでは微妙に意識が違っている。県警の隊員はどちらかというと慎重で、まず無理はしない。これに対し遭対協の隊員は、「多少無理をしてでも助けにいかなければ」という意識が強い。現場ではそのコンセンサスをとって救助活動を行なわなければならないのだが、このときはそれが不充分だった。当たり前のことだが、やはり救助隊がばらばらになってはいけない。そのためにも、救助隊員たるもの、常に体力を維持しておくことの必要性を痛感した。

さて、その後私は大町署に異動となり、ここで三年間、救助隊員として活動したのち、平成二十二年の春に除隊し、二十二年の隊員歴に幕を下ろした。

救助隊員だったときは、勤務中だろうが休みの日だろうが、時と場所を選ばず救助の仕事が飛び込んできた。年末年始やゴールデンウィーク、お盆休みなど、一般の人たちが休みをとっているときでも、事故が起これば出動していかなければならなかった。そういう面では、家族には非常に迷惑をかけたと思う。

今はもう救助隊員としての突然の呼び出しもなくなり、そのぶんたしかに楽になった。だけどその一方で、一抹の寂しさがあり、なにか物足りなく感じている自分がいる。

決して遭難事故が起きてほしいというわけではないが、救助の仕事は嫌いではない。身の引き締まるような緊張感、終わったあとの達成感は、ほかでは味わえない。人から感謝されようがされまいが、無事終わったあとは心の底から嬉しさを感じるし、それで遭難者の命が助かれば嬉しさもひとしおだ。

体力的にはもう下降する一方であり、いつまでも続けられる仕事だとは思っていないが、自分ではまだまだできるような気がしている。それが正直なところである。

警察官になって三十二年、そのうちの二十二年間を山の仕事に捧げてきた。ほかのことはあまり得意ではない、根っからの救助バカだと自分でも思う。たとえ自分が実際に現場に行って遭難者を担ぎ下ろすことができなくても、可能であれば、なんらかの形でこの仕事に関わっていければと思っている。

自分の判断で行なった初めての救助活動

八町将功（機動隊　一九七八年、長野県出身）

蝶ヶ岳で滑落事故発生

平成十九年六月九日は、朝から雨が降り続いていた。当時、私は松本署管内の惣社交番に勤務しており、その日は土曜日だったが、当直勤務の日に当たっていた。午後になって受け持ちの管内で空き巣事件が発生したため、鑑識や刑事の人たちと現場へ行き、捜査を行なった。その最中の午後六時過ぎに無線での呼び出しがあった。

「蝶ヶ岳の長塀尾根で遭難事故が発生した。至急、署に向かうように」

長野県警の山岳救助隊は、警察官としての仕事と山岳遭難救助の仕事を兼務している。私もふだんは地域の安全を守るお巡りさんとして交番に勤務し、パトロールや交通の取り締まり、地理案内などを行なっている。そして遭難事故が発生したときには、お巡りさんの制服を救助隊の制服に着替え、現場へと出動していくのである。

このときの救助要請は徳沢園を経由してのもので、最初、救助隊員ではない署員が対応していたが、「長塀尾根」と言われてもどこだかわからず、私に連絡が回ってきたのだった。

空き巣事件の現場での捜査を終了すると、私はすぐに警察署に向かった。到着後、その日の当直員の警察官から報告を受け、さらに徳沢園の上條さんにも連絡を入れて詳しい事情を聞いた。話によると、二人パーティが蝶ヶ岳から長塀尾根を徳沢へ下山中、ひとりが崖から滑落して行動できなくなってしまったため、相棒が徳沢まで下りてきたという。長塀尾根は樹林帯なので道に迷いやすく、遭難事故が多発している。しかし、一度訓練で登っていたが、崖になっているようなところはなかった記憶がある。おそらく道に迷って沢筋にでも出てしまい、そこで滑落したのだろう。

時間はすでに午後七時を回っており、あたりはだいぶ暗くなりつつあった。雨もばさばさと降っていた。この時間で、この天気だと、今日中に現場まで行くのはちょっと無理だと思ったが、とりあえず徳沢まで入ることにした。救助に必要な装備を用意し、勤務明けで非番だったもうひとりの隊員を電話で呼び出し、準備が整うや車を徳沢へと走らせた。

徳沢に着いたときには、午後十時を過ぎていた。徳沢園には、遭難者の同行者である六十歳代半ばの男性が憔悴した様子でわれわれの到着を待っており、早速、聞き取りを始めた。

遭難者は山仲間の五十歳代の女性で、二人はこの日の午後一時ごろ横尾を出発、一日で蝶ヶ岳に登り、徳沢へ下りるつもりだったという。行動開始時間が午後一時というのは、いくらなんでも遅すぎる。蝶ヶ岳への到着は、夕方近くになっていたはずだ。そのころには女性がちょっとバテ気味の様子だったが、徳沢園に予約を入れていたため、蝶ヶ岳ヒュッテには泊まらずに無理して下りようとしたそうである。

「登山道を歩いていたら、一〇メートルくらいの崖がありました。そこを私が先に下り、女性が続いたところ、足を滑らせて滑落してしまったんです。たぶん足の骨と肩の骨が折れていると思います。とても自力で歩くことはできなかったので、私が助けを呼ぶために、無数の倒木がある沢のなかを下りてきて、なんとか徳沢にたどりついたんです」

その話からすると、やはり二人は道に迷ったことに気づかず尾根から外れ、沢に迷い込んで崖から転落してしまったようだ。上部にはまだ雪がけっこう残っていたので、船窪を過ぎたあたりで間違った踏み跡に入り込んでいってしまったのだろう。

話を聞き終えたあと、男性が下りてきた沢の入口を確認しておくため、いっしょに外に出て周辺を探してみたが、真っ暗闇のなかでは沢を特定することはできなかった。男性は「明るくなれば絶対にわかります」と言うので、いったん小屋にもどって朝を待つことにした。

ついロに出たタブーの言葉

小屋で一、二時間ほど横になり、行動を再開したのは夜明け前の午前三時ごろ。あたりには濃いガスが立ち込めていたが、雨はもう上がっていた。暗いうちに小屋を出てあちこち捜し回り、だいたいこのへんだろうというところで明るくなるのを待った。

「こんなことになってしまって、ほんとうに申し訳ありません」

「私が道を間違えていることに気がつけば、こんなことにはならなかったのに」

待っている間、同行者は涙ながらにお詫びと後悔の言葉を繰り返した。

午前四時、あたりがうっすらと明るくなり、下ってきた沢が特定できたので（長塀沢だった）、三人でその沢をたどりはじめた。沢は薮と倒木に覆われ歩きにくかったが、一時間ほど登っていくとガレ状になった。さらに三十分ほど登っていったところで、大きなガレ場が現われた。その先は傾斜が急になっており、落石の危険もあったため、男性を安全な場所に待機させ、もうひとりの隊員と二人で沢を詰めていった。

「おーい」と声をかけながら三十分ほども登っただろうか、どこからかかすかな声で「おーい」という声が聞こえてきた。コールを返しながら声のした方向へ近づいていくと、今度ははっきりと「助けて」という声がした。そちらのほうへ駆け寄ってみると、雪渓と雪渓の切れ間に雨具を着た女性が顔面から血を流して横たわっていた。

そこは尾根に囲まれた沢のなかのガレ場で、女性がいた場所は辛うじて落石のラインから外れていた。事故発生から一晩経っていたので、厳しいかなとも思っていたが、まだ女性は生きていた。ただし、かなりの重傷である。片足は複雑骨折で出血がひどく、右腕も骨折しており、顎には歯が見えるほどの裂傷を負っていた。女性はしきりに寒さを訴えながら「水が飲みたい」と言うので、レスキューシートで保温し、ぬるま湯を飲ませた。

空からはいつの間にかまたぽつぽつと雨が落ちはじめ、山上にかかっていたガスがどんどん下がってきていた。ヘリでの搬送が行なえるかどうかは微妙な状況だったが、いちおう出動を要請し、われわれは人力での搬送に備えて準備にとりかかった。

その最中に、下のガレ場で待機させていた男性が現場まで登ってきた。事故以来、ずっと責任を感じていて、じっとしていられなかったのだろう。連れの女性が重傷ながらも生存していたことを確認すると、泣きながら何度も「ゴメン」「よかった」と繰り返していた。

発見当初、遭難者の意識ははっきりしていて、喋ることもできたのだが、われわれが作業を行なっているうちにだんだんと意識レベルが低下してきて、声も聞き取りづらくなってきた。というのも、私が「大丈夫だから」「もうすぐヘリが来るから」と言ってしまったせいである。

重傷を負った遭難者は、救助隊が到着するまでは「こんなところで死んでたまるか」という気力でがんばっていられるが、救助隊が到着すると「これで助かった」と安心して気が緩み、場合によっては亡くなってしまうこともある。そうならないようにするためには、「痛いのは生きている証拠だ」「病院に行くまではまだ安心できないぞ。がんばれ」などと、気合を入れて気持ちを奮い立たせるようなことを言う必要がある。まだ経験が浅かった私はそれがわからず、つい安心させるような言葉を投げかけてしまったのだ。

このときは盛んに声をかけ続け、どうにか意識をなくすまでには至らなかったが、危ないところだった。あとで上司に怒られたのは言うまでもない。

上高地に待機してもらっているヘリには逐次、状況報告の連絡を入れていた。

「今はまだ前穂の山頂が見えています」

「山頂にはガスがかかり、見えているのは五・六のコルから下です」

その報告を聞いて、パイロットは救助の可否を判断するのだ。ピックアップの態勢が整うと、ヘリから「現場の天候を教えてくれ」という無線が入ってきた。そのときはちょうどガスが切れていて、なんとか進入してこられそうな状況だった。

そう伝えて間もなく、エンジン音が聞こえてきたかと思うと、ヘリがこちらに向かって飛来してくるのが見えた。ヘリはガスの一瞬の隙をつき、ぎりぎりのラインのところを進入してきて現場までやってくると、ものの数分のうちに遭難者を機内に収容して飛び去っていった。

ヘリでの迅速な救助ができたことでひと安心し、われわれも現場を撤収して下山を開始した。もしヘリでの搬送ができず、人力で搬送することになっていたら、遭難者の命は助からなかったかもしれない（女性は命をとりとめ、翌冬、署に挨拶にやってきた）。

下ってしばらくすると、人力搬送に備えて上がってきた応援部隊の隊員六人と合流したので、「なんとか無事終わりました」と報告した。遭難救助活動には常に危険が伴うものだが、どんな状況であっても応援に駆けつけてきてくれる心強い仲間がいる。そんな仲間に恵まれた幸せを、このときに心の底から実感することができた。

また、頼れる先輩隊員もなく、本部やヘリと連絡をとり合いながら自分で判断し、自分で決断を下さなければならないという現場は、これが初めてだった。そういう意味でも、私にとっては非常に印象深い事例となっている。

印象に残る三つの救助事例

脇坂英二（松本警察署　一九七〇年、北海道出身）

署長からの手紙

平成十七年六月二十七日の午後四時、四十歳代の男女二人パーティが前常念岳からトラバースルートを常念小屋へ向かう途中、男性が雪渓上で一〇〇メートルほど滑落して右足を骨折するという遭難事故が起きた。事故の発生が夕刻だったことと、山小屋を通して救助要請の連絡が入ってきたことを聞き、「天候が悪化するとの予報が出ているのに、どうしてこんな時間に登山道を歩いているのか」と思ったことを覚えている。

準備を整え、私と新隊員の県警隊員二人、遭対協の隊員三人の計五人で一ノ沢登山口を出発したのが夜の九時ごろ。常念小屋に到着したときには夜中の〇時ごろになっていた。穂高周辺は悪天候とは聞いていたが、稜線上の天気は悪いどころの話ではなく、風速三〇メートルほどの暴風が吹き、雨が真横から降っていた。まるで台風のようなありさまである。

とりあえず無線で署に状況を報告したところ、「悪天候下で行動すると二重遭難のおそれがあるので、明日の朝を待って救助を実施せよ」との指示があった。

しかし、この天候のなか、遭難者が明日までもちこたえてくれるという保証はない。ひと晩、雪渓上で風雨にさらされることにより、低体温症で命を落としてしまうかもしれないのだ。通報内容から滑落地点は予想できていたため、今からでも歩いて現場近くまで行けば、一〇〇パーセント見つかるだろうという確信はあった。また、風向きから判断して、前常念岳のほうまで行けば、稜線の陰になるので風も多少は弱まるだろうと思えた。

そうしたことをいろいろ考えると、居ても立ってもいられなくなって、私の独断で「行こう」と決めた。疲れ切った表情で押し黙る新隊員には申し訳ないなとは思ったが、悪天候のなかで救助を待っている遭難者のことを考えると、やはり行かないわけにはいかなかった。

再び暴風雨のなかへと飛び出していき、登山道上から全員で名前を叫んだり、ハンドマイクで呼びかけたりしながら前常念岳方向へ向かった。捜索開始から一時間ほど経ったころ、暗闇のなかから、風雨の音に掻き消されそうになりながらも、「助けてぇ〜」という女性の声がどこからともなく聞こえてきた。われわれの呼びかけが届いたのだ。

声が聞こえる方向から居場所の見当をつけ、ロープを取り出して登山道から雪の斜面を降下した。二ピッチ目を下りているときに、雪渓が途切れたところに二人の登山者が寄り添っているのを発見した。時刻は午前二時ごろ。下降中の私の姿を確認した女性は、「ありがとうございます」と大きな声で何度も繰り返して言った。よっぽど嬉しかったのだろう。ただ、それがあまりにも執拗に繰り返され、登山道で待機している隊員との無線連絡も聞き取れないぐらいだったので、つい思わず「うるさい。ちょっと黙ってろ」と言ってしまった。気持ちは理解できるが、気が散ってしまうのは困る。こういう場面では、やはり作業に集中させてほしい。

降下して負傷している男性の状態を確認すると、意識ははっきりしていたが、足を骨折していたため自力では歩けなかった。また、雨具は羽織っているが、手足は冷たくなっており、低体温症に陥る手前であった。背負って搬送することも考えたのだが、真っ暗闇と風雨のなか、一〇〇メートルほどの雪渓の斜面を引き上げるのはリスクが大きすぎる。明るくなるのを待って、可能であればヘリでピックアップし、それが無理なら人力で搬送するしかないと判断した。

「ありがとうございました」と頭を下げる遭難者に、私はこう言って釘を刺した。

「救助が終わったわけではない。朝までがんばらなければならないぞ」

そうなることはあらかじめ想定していたので、装備のなかにはビバーク用のツエルトを二つ入れておいた。そのひとつを遭難者と同行者に渡し、もうひとつのツエルトの中にわれわれ五人がおしくらまんじゅうのようにぎゅうぎゅう詰めで入った。ツエルト越しに遭難者に話しかけたり、遭対協の隊員と世間話をしているうちに夜が明けてきた。天気は高曇りで、風はおさまり雨も上がっていた。これならヘリでのピックアップができそうだった。やがて、雲の切れ間を縫って県警ヘリ「やまびこ」がやってきた。遭難者を吊り上げて機内に収容し、すぐにまた飛び去っていった。「やまびこ」を見送りながら、ひと仕事を終えた達成感に、私を含めて皆が感じ入っていた。

通常の救助活動ならばこれで終わりであるが、その日は違っていた。下山して署にもどると、案の定、指示を無視したことに対する上司からの叱責が待っていた。「行くな」という指示に逆らって行った以上、それは当然のことであり、覚悟はしていたので、素直に謝罪した。遭難者の居場所の見当がついていたこと、前常念岳のほうに向かえば風が弱まることを現場から無線で説明すればよかったのだが、あのときは余裕がなかったので説明不足になってしまった。それは私も反省しなければならない。

「結果的に無事救助できたのだから善しとしよう」

自分ではそう思うようにしていたが、警察官としての使命感と上司の指示のどちらを優先すべきか、しばらくは悩むこととなった。

が、人事異動で他署に異動することとなった署長から一通の手紙をいただいた。その手紙には、ただひとこと、「救助を求める人がいる限り」と書かれていた。それを読んで、「ああ、やっぱり理解してくれた人もいたんだな」ということがわかり、とても嬉しかった。

二重遭難の恐れが最も高かったレスキュー

その事故が起きたのは、夏山常駐期間中の平成十九年八月四日のことだった。前穂高岳に入山していた六人パーティのうち二十歳代の男性が、奥又白池からA沢に至るルートを登っている途中で落石を頭に受けて負傷したという。

事故発生後、パーティの引率者が前穂高岳を経由して岳沢ヒュッテに下り、救助を要請した。その一報はすぐに警察に回されたが、発生時刻は午後三時半。現場へ行くことは可能であるが、救助活動が夜間に及んでしまうと、隊員や遭難者の安全が確保されなくなってしまう（雪渓上では音も立てずに落石が転がってくる）。また負傷者の容態も「その後はわからないが、大したケガではないように思う」との通報者の申し伝えだったこと、天候が急変する可能性もなかったことを考慮し、翌日、対応しようということになった。

翌朝、私を含む三人の隊員が県警ヘリで紀美子平の下まで搬送され、そこから前穂経由で現場へと向かった。現場は初めて入る沢だったため、地図とコンパスを見ながら入口を見つけ、声がする方向へ下降して、やっとの思いで現場にたどり着いた。

そこはシュルンドとなっており、岩場と雪渓の間に負傷者が横たわり、そのそばで四人の男女がぶるぶると震えていた。その光景が、今も強く記憶に焼き付いている。

横たわっている男性に触れてみて思わず呆然としてしまったのは、大したケガではなかったはずの遭難者が、心肺停止状態になっていたことだった。

「なんで死んでいるんだよ。話が全然違うじゃないか」

その言葉が喉まで出かかった。頭部に落石を受けた遭難者は、当初、意識もはっきりしていて話もできる状態だったが、夜中の二時ごろ容態が急変し、そのまま呼吸しなくなってしまったという（すでに硬直が始まっており、手足が冷たくなっていた）。

心肺停止の男性はヘリコプターで救助するしか方法がないと考え、今、優先すべきはほかの四人を無事、下山させることであった。本格的な救助作業の前に、現場の写真を撮ろうとして四人にカメラを向けると、仲間のひとりが「どうして写真なんか撮るんだ」と言いたそうな目でこちらを睨んできた。気にさわったのだろうが、現場の記録を残すことも、われわれの任務のひとつなのだ。

急傾斜の雪渓で救助作業を行なった前穂高岳Ａ沢での遭難事故

四人の学生に登山の経験はほとんどなく、四本爪のアイゼンに工事用のヘルメット姿、ピッケルも所持しておらず、とても山のバリエーションルートを登る格好には見えなかった。

素人同然の四人を、険しい場所からどう脱出させるか。はじめは下に下ろそうかと思ったが、雪渓の急斜面が長く続くため、稜線に上げて重太郎新道を下ることにした。

目の前で仲間が心肺停止になってしまい、また自分たちもそうなってしまうのではないかという現実から、四人は不安と恐怖が入り混じったなんともいえない目をしていたので、「友達はヘリで救助するしかないのでこのまま置いていく。意識を切り替えて自分たちが助かることだけを考えろ」と気合を入れて準備にとりかかった。しばらくして二人の応援隊員が合流し、準備が整うと、五人の隊員で遭難者をサポートしながら雪渓を登りはじめた。

しかし、雪渓の斜度はおよそ四十度もあり、四本爪のアイゼンでは文字どおり歯が立たない。四人は幾度となく足を滑らせ、いたずらに体力を消耗するばかり。今は確保されていたからいいが、われわれが到着する前に行動を起こしていれば、四人とも滑落死しているところだった。結局、二〇〇メートルほどの距離の雪渓を登るのに二時間も要してしまった。

紀美子平まで来れば、あとは登山道を歩いて下山するだけだ。「この先は自分たちだけで大丈夫」というので、「長い下りが続くので、四人で協力し合い、慎重に下山するように」と声をかけ、紀美子平で四人と別れ、われわれは涸沢の常駐基地へ帰っていった。現場に残してきた遭難者は、後日、ヘリコプターで回収された。

四人とともにA沢を登っているときは、とにかく「なにかあってはいけない」と無我夢中で救助活動を行なったが、今振り返れば、落石が雪上を転がってくれば逃げ場のない場所が多く、二重遭難の恐れが最も高かったレスキューであった。

奥穂高岳で起きた親子の悲劇

「登山道で人が倒れて死んでいる」

通りがかりの一般登山者からそう通報があったのは、平成二十一年九月十二日のことである。場所は前穂高岳吊尾根の南稜ノ頭付近だという。早速、われわれ松本署の救助隊員が現場に向かうことになったのだが、県警ヘリは整備点検に入っていたため、防災ヘリに出動を要請することにした。ただ、前日には岐阜県の防災ヘリが、現場から二〇〇メートルほど離れた奥穂高岳付近での救助活動中に墜落するという大事故が起こっていた。昨日の今日でパイロットに無理を言うのもためらわれたので、「とりあえず涸沢まで送り込んでください」とお願いした。

防災ヘリで涸沢まで上がり、そこから歩いて穂高岳山荘へ向かったが、山荘に着いたのはもう夕暮れどきであった。おまけに天気も悪かった。それでもわれわれとしては、その日のうちに現場まで行くつもりでいた。通報してきた登山者が「死んでいますよ」と言っていたとしても、なるべく早急に現場を確認する必要がある。もしほんとうに亡くなっているのなら、人目にさらした状態にしておくわけにはいかない。しかし、すっかり行く気になっていたわれわれを、穂高岳山荘の従業員がやんわりとたしなめた。

「この天気では、現場に着いたとしても帰ってこられなくなる可能性が高い。今晩はここに泊まって、明日行きなさい」

山をいちばん知っているのは山小屋の従業員である。結局、その忠告を聞き入れてその日は穂高岳山荘に泊まり、天気が回復した翌朝、夜明けとともに現場へと向かった。

現場は難なく特定できた。通報どおり、南稜ノ頭付近の登山道上に三十歳代と見られる男性が冷たくなって横たわっていた。とくに目立った外傷はなく、現場の状況からも転滑落したわけではなさそうだった。

いっしょに来た隊員と手分けして周辺の現場検証を行なっていたときだった。通りかかった登山者が声をかけてきた。

「あっちのガレ場の下になんか赤いものが見えますよ。ヤッケかなんかじゃないですか」

ヤッケを回収するのは後回しにしてもいいかと思ったが、ひょっとしてと思い、念のため斜面を下って確認しにいったところ、それはヤッケではなく、別の登山者の変わり果てた姿だった。現場は先に発見した男性の一〇〇メートルほど下のガレ場で、歳は五十歳代ぐらい。こちらには明らかに転滑落した形跡が見られた。

まさか別にもうひとり遭難者がいるとは想像もしていなかったので驚いたが、そういえば前日、穂高岳山荘にいるときに受けた署からの連絡を思い出した。

「下山予定日を過ぎても帰ってこない二人パーティがある。たぶんどこかの山小屋に避難していると思うけど、いちおう気に留めておいてくれ」

たぶん、その二人組じゃないかと思い、所持品から名前を確認すると、やはりそうであった。

二人は義理の親子で、登山道上で亡くなっていたほうが息子（三十歳代）、下に落ちていたのが父親（六十歳代）だった。二人ともヘリで救助したが、どちらもすでに亡くなっていた。死因は息子が疲労凍死、父親は転滑落死であった。父親には登山の経験があったが、息子はまったくの初心者だったようだ。

これはあくまで推測だが、悪天候下で行動中、まず父親が転滑落してしまったのだろう。しかし、山の経験が皆無の息子にはどうすることもできず、ほかの登山者が通りかかるのを待っているうちに凍死してしまったのではないか。もし彼に山の知識があり、その日の行程が頭に入っていたのなら、間違いなく穂高岳山荘まで行って助けを求めていたはずだ。だが、どれぐらい歩けば小屋にたどり着けるのかまったくわからず、その場にいるしかなかったのだろう。

同じ現場で別々の要因により親子が命を落としてしまうという、気の毒な事例であった。

長い残業

岡本賢一（機動隊　一九七五年、長野県出身）

平成十八年三月に機動隊を除隊し、春の異動で安曇野署に赴任することになった。安曇野署の前身である豊科署には平成十〜十三年の間勤務していたので、出もどったような感じだ。救助隊員に任命されたのは、この豊科署にいた平成十二年だから、当時の隊員歴は六年ほどということになる。

豊科署が管轄していた北アルプス南部地区の槍・穂高連峰は、平成十七年の市町村合併によって松本署の管轄となり、安曇野署の管轄は蝶ヶ岳や常念岳、燕岳などのいわゆる前山と呼ばれる山域に変わった。

安曇野署では、三交代制の交番勤務に就いた。一当務は朝の八時半から翌朝八時半までの二十四時間。勤務明けの日は非番となり、翌日が休みになることもあれば、勤務に就くこともあった。交番勤務は、巡回連絡や交通指導取り締り、泥棒の逮捕などが主な仕事で、遭難事故が発生すると、それらの業務を後回しにして現場へと出動していった。

山登りというのは、ふつうは事前に計画を立て、準備をしっかり整えて行なうものだが、もちろん遭難救助はそういうわけにはいかない。勤務が終わって「さて、帰ろうか」というときに事案が入ってくると、その時点から気持ちを立て直し、慌しく出動していくことになる。精神的にも肉体的にも非常に負担の大きな仕事であることは間違いなく、ときどき自分でも「体がもつんだろうか」と心配になったりすることもある。

それは平成十八年の十月中旬のことであった。いつものように交番の当番勤務を終え、帰宅前に安曇野署に立ち寄って当務の報告を行なっていたところに、一本の電話がかかってきた。時間は午前十時過ぎ。電話に出た地域課の内勤さんは、話を聞いているうちに、受話器を片手に持ちながら私を見て、盛んに山のほうを指差しはじめた。それだけで「ああ、遭難があったんだな」と察しがついた。電話が終わって状況を尋ねてみると、案の定である。中房温泉から餓鬼岳へ向けて登山していた七十三歳の男性が、中房川沿いのブナ平付近の崖で足を滑らせ、約一〇〇メートル滑落したのだった。

事故の概要を聞いた私は、ヘリコプターが出動して、航空隊の救助隊員がピックアップして一件落着になるだろうと思っていた。ところが、しばらく無線に耳を傾けていたのだが、作業が終了する気配が全然感じられない。どうやら地形的な問題で、ヘリが直接現場に入っていって遭難者を収容するのは難しいという判断になっているようだった。そうしているうちに、やはりヘリで救助は無理なので、地上から隊員が現場に向かってほしいという要請が出されたのである。

そうとなれば、夜勤明けもなにも関係なく、早速、出動準備を整えなければならない。遭対協の隊員の方への出動依頼、出動する隊員分の行動食の買い出し、救助用装備の用意など、やることはたくさんある。その合間を見て、腹ごしらえもすませておく。いったん出動していけば、状況によっては飲まず食わずで作業に従事することもある。ふだん夜勤明けのときは朝食を食べないのだが、食べられるときに食べておかないと、あとで肝心なときに力が出なくなってしまう。個人装備のザックの中をさがしてみたら、魚肉ソーセージが出てきたので、それを食べてとりあえず空腹感を抑えた。

準備が整い、後輩隊員とともに車で署を出発したときにはもう十二時を回っていた。途中で遭対協の隊員三人をピックアップし、計五人で中房温泉に向かった。

私の計算によれば、中房温泉に着くのが午後二時ごろ、そこから現場まで二時間かけて歩いていき、収容作業を行なって背負って下山してくれば、日が変わるころに中房温泉まで下りてこられるだろうという目論見だった。もし途中で行動するのが危険だと判断されれば、ビバークをするつもりでいた。

予定どおり午後二時ごろ中房温泉に到着したわれわれは、ただちに中房川沿いの登山道をたどっていった。天気は曇りで、山にはガスがかかっていた。

「やっぱりヘリはダメだ。もしかしたら明日の朝までかかっちゃうかもしれないな」

そんなことを考えながら歩を進めていたが、どうも調子が出ない。ふつうの丸太の橋を渡るときは、なんとなくバランスがとりづらく、怖い思いをした。その年の合同訓練には、都合が重なってまったく参加していなかったし、夏山シーズン中も出動する機会はほとんどなかった。ふだんから山を歩いていないとこうなるものかと痛感した。

現場は周辺に目標物がなく、はっきり特定できていなかったが、行けばわかるだろうと思っていた。中房温泉から一時間半ほど来たところで、登山道に二人の登山者が立っていたので、「ここが現場か」と思って尋ねてみると、やはりそうであった。

「ここから下に落ちてしまいました」

と言ったのは、遭難者の奥さんである。遭難者は夫婦で山に来て事故に遭遇してしまったのだ。もうひとりは、たまたま通りかかった単独行の登山者であった。

現場は左にカーブしている登山道上で、道幅は一メートルもなく、遭難者はうっかり足を滑らせ、そのまま下の沢に転落していってしまったという。事故後、現場を通りかかった単独行の男性は、遭難者のところまで下りていったそうで、「すでに死亡しているようだ」という話だった。

われわれが懸垂下降で沢まで下りていってみると、単独行者が言っていたとおり、残念ながら遭難者は亡くなっていた。奥さんには気の毒だが、どうしてやることもできない。

次に考えなければならなかったのは、ここからどうやって遭難者の遺体を運び出すかだ。登山道まで引き上げるか、あるいは沢伝いに下っていくか。このときに、遭対協の隊員の豊かな経験が大いに役に立った。周辺の山々の地形を知り尽くしている彼らが下した判断は、沢沿いに下って搬送するほうだった。

われわれは遺体を二つ折りにしてシートに入れ、背負子にくくりつけて搬送を開始した。最初に背負ったのは、遭対協の隊長さんである。遭難者を背負って下ろすのが当たり前だったころから活躍している方なので、背負うのには慣れているのだが、亡くなった遭難者もかなりの体重だった。途中、岩にへばりつくようにしながら下りているとき、一瞬バランスを崩し、手を離して崩れ落ちそうになったが、なんとかこらえて踏みとどまった。さすが、長年の経験はダテではない。私だったらきっと遭難者もろとも滑落していただろう。

場所によっては搬送者を確保し、またフィックスロープも張って、慎重に少しずつ下ろしていく。ひとりが背負える時間はせいぜい五分から十分。背負っている間は、みんな一様に厳しそうな表情だった。もちろん私も背負ったが、とにかく重い。とくに歩き出しの最初の一〇〇メートルがいちばんキツかった。交代しながらしばらく沢のなかを下っていったが、状況は厳しく、行程はなかなかはかどらない。

「このままでは、とても今日中には中房温泉までたどり着かないだろう。最悪、ビバークになるな」

時間が経つにつれ、その可能性がどんどん高くなってきた。でも、最初から最悪のことを考えて行動していれば、事態がそれより悪くなることはない。

とそのとき、「中房のほうの雲が開けてきたよ」という無線連絡が飛び込んできた。それまでの私の頭の中では、ヘリを使うことはもうすっかり選択肢から外れていたが、無線を聞いて「そうか、それもあり得るな」と気づかされた。

空を見上げてみると、たしかに青空がかすかに見えはじめていた。「よし、これならヘリでいけるぞ」と、すぐにヘリの手配を行なったのち、遭難者をヘリで吊り上げられる平坦な河原までみんなで移動し、ヘリの飛来を待った。

待つこと数分、ヘリの音が聞こえてきて、徐々にそれが大きくなってきた。もうすでに夕暮れが迫りつつあり、だいぶあたりが暗くなってきたので、無線交信を行ないながら、ヘッドランプを点灯してこちらの位置を報せた。ランプの明かりを確認したヘリは、まっしぐらにこちらに近づいてきて、ヘリの中から救助隊員が降りてきたかと思うと、あっという間に遺体を収容して飛び去っていった。

その直後に闇があたりに忍び寄ってきた。もうちょっと遅かったら、ヘリでのピックアップはできず、山中でビバークすることになっていただろう。ヘリのおかげで夜の九時には署にもどることができ、ようやく長い残業が終わったのだった。

緊張をほぐしてくれた先輩隊員のひとこと

母袋周作（機動隊　一九八一年、長野県出身）

夕闇迫る岩場での救助活動

ロッククライミングのクラシックルートとして知られる前穂高岳北尾根。ルート上からは美しい眺望が広がり、北アルプスならではのスケールの大きなクライミングが楽しめる一方で、これまでに幾人ものクライマーが命を落としていった場所でもある。

その前穂高岳北尾根の二峰を登攀中の男性が滑落し、足に重傷を負うという事故が起きたのは、救助隊員になって七年目を迎えていた平成二十年八月十六日のことであった。

ちょうどそのとき私は夏山常駐パトロールに従事しており、前日に槍沢で発生した遭難事故の救助作業を終え、涸沢の常駐基地に向けて帰っていくところだった。

時間は昼前ごろ、Sガレよりちょっと下のあたり（基地の手前約一時間の場所）で事故発生の無線連絡を受け、急いで基地にもどってみると、すでに救助方針が決定し、出動準備が始まっていた。

事故発生時、槍・穂高連峰一帯の天気は良好で、稜線も見えていたため、救助はヘリコプターを使って行なうこととなった。ところが、私が基地に着くころから見る見るうちに雲がかかりはじめ、ヘリが涸沢に来たときには完全に稜線が見えなくなっていた。こうなってしまうと、ヘリが直接現場に入って遭難者をピックアップすることはできない。そこで、県警救助隊の岡田小隊長、私、石岡隊員の三人と、遭対協の常駐隊員ひとりがヘリで入れるところまで入り、そこから歩いて現場へ向かうことになった。

ぎりぎりヘリが入れたのは、北尾根の三・四のコルまでだった。その上にはべったりと雲が張り付いていた。コルの下部にある雪渓上部に送り込まれたわれわれ四人は、コルまで上がってロープを出し、三峰に取り付いた。日没までまだ時間はあったが、曇っているせいであたりはもう暗くなりはじめていた。前穂高岳北尾根は私にとって初めての現場であり、初っぱなから緊張のスタートとなった。

三峰を登りはじめてしばらくすると、さーっと雨が降り出し、ただでさえもろい岩場がさらに滑りやすくなった。そのせいでよけいに緊張感が高まってくる。

現場へは、奥穂高岳方面をパトロールしていた遭対協の常駐隊員二人が前穂高岳経由で急行し、ひと足先に遭難者と合流したという。われわれも急がなければ。

岡田小隊長のあとに続き、無我夢中で岩場を登っていくと、北尾根三峰ピークの手前で、三峰ピークから遭難者を下ろしはじめていた遭対協の常駐隊員二人と合流した。

遭難者は六十歳代の男性で、二人パーティで二峰を登っているときに七メートルほど滑落してしまったのだという。足（脛）を開放骨折しており、応急手当はしてあるものの出血は止まらず、登山靴は血で溢れていた。その表情からはかなりの苦痛が感じ取れたが、我慢強い人で「痛い」などとはほとんど口に出さず、懸命に痛みに堪えている様子だった。

すでに陽は落ち、激しい雨が降っていた。松本署からは「搬送が無理そうなら、そこでビバークしてください」という無線が入っていたが、だいぶ出血していたので、ひと晩置いておくと低体温症になってしまう可能性があった。なるべく早く涸沢の夏山診療所に運び込んで治療を受けさせないと、遭難者の命が危なかった。涸沢からは、山小屋の従業員らがバスケット・ストレッチャーを持って応援に来てくれているという。ならば、がんばって三・四のコルまで下ろせば、そこから先はストレッチャーに乗せて雪渓上を運んでいくことができる。こうした現場の判断から、さらに搬送を続けることになった。

三峰ピーク手前から三・四のコルまで小隊長が遭難者を背負い、それを私が確保して下ろすこととした。搬送を開始するまでに、石岡隊員が何度もコルと現場を往復して救助に必要な用具を運び上げ、態勢を整えた。

現場周辺は落石の巣であり、また支点を取るところが非常に少なく、遭難者を確保している支点と自己確保の支点を同じところからとっていた。

「確保中に落石が来たら避けられないな。それに、この支点が飛べば、遭難者、小隊長、私の三人が死んでしまうんだな」

そう思うと、おのずと緊張で顔がこわばった。それを見た小隊長がこう言った。

「確保頼むぞ。大丈夫、緊張するな」

私を信頼してくれる小隊長のそのひとことでなにかが吹っ切れた。「やるしかない」と覚悟を決め、「了解！」と元気よく返事をした。

準備が整い、いよいよ搬送が始まった。一本のロープに命を託した小隊長と遭難者が、ガスと夕闇のなかに吸い込まれていった。それを見送りながら、私は無心にロープを操作した。

姿が見えなくなると、聞こえてくるのは小隊長の「ゆるめー」の号令（ロープを緩めろという意味）と自分の復唱の声、それに雨具に当たる雨の音だけだった。どれぐらい時間が経っただろうか、小隊長の声は徐々に遠くなっていき、やがて「到着！」という声が無線を通して聞こえてきた。無事、三・四のコルに到着したのだ。

涸沢の灯りに導かれて

コルにはすでに涸沢小屋や涸沢ヒュッテからの応援隊が到着しており、ここで遭難者を引き継いだ。これでひと安心だが、われわれには装備の回収という仕事が残っている。三峰に取り付いていた隊員が、岩場にセットしたすべての装備を回収し、全員が三・四のコルに集合したときには、あたりは完全な闇に閉ざされていた。

「さあ、われわれの基地に帰ろう」

天候不良のため、遭難者は慎重に背負って搬送されることもある。緊張の連続だ

ヘッドランプを装着し、三・四のコルをあとに雪渓を下りはじめた。しばらく雪渓を下っていったときに、なにか黒い塊が私の横をビューンという音とともに猛スピードで通り過ぎていった。とっさに「落石だ」と声が上がり、先行隊に「今、落石が行きました」と無線で伝えた。

雪渓上の落石は音もなく転がってくる。しかも、暗闇とガスのなかである。気づいたときにはもう遅い。直撃すればケガだけではすまされない。われわれの下には遭難者を搬送している先行隊がいるだけに、絶対に落石は起こせなかった。そうは言っても、上から落ちてくる落石は止めようがないので、運を天に任せるしかない。「落ちてこないでくれよ」と祈りながら、基地に向けて急な雪渓を下っていった。

真っ暗闇のなか、下りれど下りれど、なかなか涸沢の灯りは見えてこない。今、われわれが涸沢カールのどのあたりにいるのかまったくわからず、経験豊富な遭対協の常駐隊員のカンだけが頼りだった。

一時間半ほど下りたところで、先行隊が涸沢ヒュッテの診療所に到着したことを知らせる無線が入った。あとは自分たちが無事に帰り着くだけである。

さらに下っていくと、ガスのなかにぼやーっと灯る光があることに気がついた。

涸沢ヒュッテと涸沢小屋の灯りである。もう消灯時間は過ぎているはずなのに、われわれのために、電気をつけておいてくれたのだった。まるで嵐のなかを航海する船が港の灯台の灯りを見つけたような思いであった。

やがて、たくさんのヘッドランプの灯りが見えてきた。涸沢ヒュッテや涸沢小屋の従業員らが、目印になるようにと途中まで上がってきてくれたのだ。その灯りを見て、思わず胸が熱くなった。

隊員全員が無事、常駐基地に到着したのが午後九時半ごろ。翌日は天気も回復し、遭難者をヘリコプターで病院に搬送することができた。

われわれ山岳救助隊員は、ときに極限の状況下で活動しなければならないこともある。そんななかで、なんとか困難を乗り越えられるのは、遭対協の隊員や各山小屋の従業員らの信頼と協力があるからだ。そのことを改めて感じた事例であった。

私は信州生まれの信州育ちでありながら、救助隊員になるまで、まったく山に登ったことがなかった。上司に声をかけられて救助隊員になってはみたものの、当初は登山者の気持ちがわからず、「どうしてみんな、こんな辛い思いや危険な思いをしてまで山に登るのだろう」と不思議に思っていた。しかし、この仕事を続けているうちに、登った者だけにしかわからない〝答え〟があることを知った。たまに学生時代の同級生らに会うと、「なんで山になんか登っているの」と聞かれることもあるが、そういうときは「一回登ってみな」と答えるようにしている。

いずれ私も山岳救助隊の中核隊員となっていくのだろうが、そのためには今以上に体力と技術を身につけなければならない。そしていずれは隊の諸先輩のように、いかなる現場においても冷静沈着でいられ、部下に適切な指示を出してチームの実力を最大限発揮させられる隊員になりたいと思う。

雪崩事故現場のジレンマ

伴野達也（元山岳遭難救助隊隊員　一九七一年、東京都出身）

中央アルプスの千畳敷は、ロープウェーを利用すれば誰でも気軽に標高二六〇〇メートルの世界に来られる特殊な場所である。このため年間を通じて登山者以外の来訪者も多く、まさに山岳観光地として賑わっているのだが、そこは標高三〇〇〇メートルに近い高山帯、ときに天候は急変し、自然の厳しさを思い知らされることも珍しくない。

とくに危険なのが冬場である。カール地形に積もった雪はどこから崩れ落ちてきても不思議ではなく、千畳敷一帯雪崩の巣と化してしまう。平成七年一月四日には、ホテル千畳敷のすぐ目と鼻の先で登山者六人が雪崩に巻き込まれ、全員が死亡するという事故も起きている。

ロープウェーで難なく上がれる冬の千畳敷が、実は雪崩の危険が非常に高い場所であるということは、今日では広く認識されつつあるようだ。だが、それでも事故は起きてしまう。

写真撮影を目的に入山した男性四人、女性二人の六人パーティが、稜線の宝剣山荘を目指してホテル千畳敷を出発したのは、平成二十年二月九日の午後一時四十分ごろのことである。一行は三人ずつの二グループに分かれて行動していたが、午後四時四十五分ごろ、和合山の南側斜面で雪崩が発生し、後続の三人が巻き込まれた。

このうち四十七歳の男性が自力で雪の中から脱出し、部分埋没していた六十二歳の女性と六十七歳の男性を助け出した。しかし、男性は頭部からの出血が見られ、意識不明に陥っていたため、携帯電話でホテル千畳敷に連絡を入れて救助を要請した。だが、この日の天候は二ツ玉低気圧の通過により急速に悪化しており、猛烈な吹雪で視界が悪く、さらなる雪崩の発生も考えられた。ホテルとしては、「二重遭難の恐れがあり、救助は出せない。なんとか自力でホテルまで下りてきてください」と言うしかなかった。

このとき千畳敷ホテルには、中央アルプス地区山岳遭難防止対策協会（遭対協）の救助隊員が従業員として働いていたほか、たまたま日本勤労者山岳連盟の雪崩講習会のスタッフが宿泊しており、事故の発生を聞きつけた彼らが現場へと向かってくれた。その途中で下山してきた二人と合流し、午後七時ごろ、無事ホテルにたどり着いたのだった。

この日、六人パーティが千畳敷を出発する際、その場にいた遭対協の隊員が「天気が崩れるから、今日はやめたほうがいい」と伝えていたという。また、先行した三人は雪崩事故の発生に気づかないまま、宝剣山荘まで登り着いていたようである。

事故の一報は、千畳敷ホテルを経由して午後五時半前に警察に届けられた。その時点でもう日没となっており、天候も悪かったことから、救助は翌朝から行なうこととなった。

積雪期の千畳敷における救助活動には、二つの大きな難しさがつきまとう。ひとつは、前述したように千畳敷カール全体が雪崩の巣となっており、地上からの現場への接近が難しい点。もうひとつは、ロープウェーが運行されているため人の出入りが容易で、場合によっては衆人環視のなかで救助を行なわなければならない点である。

雪崩については、地形をはじめ気象や積雪の状況等を分析することにより、ある程度危険性の高低を予測できる。救助活動を行なうにあたっては、弱層テストを実施するなどして危険性を判断し、現場に入るか否かの決断が下される。

ただし、雪崩はたとえ危険性が低くても、絶対に起きないとはかぎらない。よほど雪山登山の経験を積んだ者でもその危険性を正確に判断することは難しく、しかも一度発生して巻き込まれてしまえば、致命的となる可能性が高い。

ところが、救助隊員は皆、「少々危険を冒してでも遭難者を助けたい」という使命感に燃えている者ばかりである。このため、危険性を認識しながらも、えてして雪崩斜面に突っ込みがちになる。現場の近くで遭難者の家族が成り行きを見守っていたり、報道スタッフがテレビカメラを構えていたりすると、なおさらそうなってしまう。

そこで雪崩事故の救助活動では、遭難者の救助と二重遭難事故防止の双方を天秤にかけながら、慎重に判断を下していくことになる。遭難者を救助したいという気持ちは十二分にあるのだが、救助活動に当たる隊員の生命は絶対に守らなくてはならない。そんな矛盾する二つの思いに難しい判断を強いられるのが雪崩事故の現場であり、ときに救助隊員の生命の安全性を最優先させた判断を下すこともある。隊員の命を犠牲にした救助活動などあるはずがない。

この事故のときも、中央アルプス地区遭対協の隊長らと相談しながら救助活動計画を練り、ベストと思われるプランを探った。現場周辺は、雪崩が発生しやすい積雪状況であることは明らかであったので、救助はヘリコプターで行なうこととなった。地上部隊は雪崩に巻き込まれない範囲で可能なかぎり現場近くまで接近し、ヘリコプターの活動をサポートするとともに、万が一の不測の事態に備える態勢をとることとした。

翌日、ヘリコプターによる救助活動を実施したが、強風のため現場に接近できず、遭難者を収容することができなかったため、警察官二人と遭対協の隊員五人の計七人で千畳敷へと上がった。しかし、現場の条件が悪く、結局この日は地上部隊もホテルに待機となり、遭難者を救助することはできなかった。

翌十一日になって天候は回復したが、積雪の状態が不安定だったため、地上から現場に接近することは諦め、ヘリコプターから隊員が降下して救助を行なった。降雪により遭難者は雪に埋もれていたが、現場には同行者のピッケルが目印として刺さっていたので、場所はすぐに特定できた。遭難者は雪の下五〇センチほどの深さのところに埋まっており、掘り起こすのにかなり時間がかかった。機体に収容したのは午前十時十四分。のちの調べにより、死因は脳挫傷だったことが判明した。

近年は、バックカントリー・スキーヤーやスノーボーダーが、雪崩のリスクの高い斜面に積極的に入り込んでいっている。そして、実際に彼らによる遭難事故は多発する傾向にあり、その救助活動においては雪崩斜面における行動を強いられることになる。ある先輩隊員はこんなことを言っていた。

「彼らは、自ら好んで雪崩の危険の高い斜面に入り込んでいって、雪崩に巻き込まれている。では、その危険な場所に誰が助けにいくんだ。三月から五月にかけては、バックカントリーの事故がほんとうに多くなる。手をこまねいているわけにはいかないが、かといって効果的な対応策はない」

もちろん、「助けてくれ」と救助を要請してきたのであれば、どんなに雪崩の危険が高かろうと、警察としては出動せざるを得ない。「そこは二次雪崩の危険が高いので、救助にはいけません。自分たちでどうにかしてください」と言って放っておくわけにはいかない。そのときにどれだけリスクを少なくして、遭難者を救助することができるか、われわれは難しい判断を迫られることになる。

バックカントリー愛好者は、年々増えているように思う。そしてよりリスクの高いエクストリームな滑降を志向する者もあとを絶たない。雪山の雪崩斜面での救助をいかに安全に行なうべきか。それが今後のひとつの大きな課題となっている。

山小屋の中での遭難事故

水谷勇太（茅野警察署　一九八三年、長野県出身）

こんなはずでは……

山とはまったく無縁だった私が救助隊員を務めることになったのは、茅野署の当時の地域課長と救助隊の班長から、「来年度から山をやってみないか」と誘っていただいたのがきっかけだった。平成二十年度の異動時期前のことである。

北アルプスを抱く安曇野に生まれ育ったが、山登りの経験はほとんどなかった。子どものころから社会人になるまで、私が一貫して熱中していたのは空手である。習いはじめたのは小学校のときからで、中学・高校・大学と空手一筋の生活を送ってきた。

警察官を志したのは、空手で培った体力を生かせる仕事がやりたかったからだ。また、そのころひとり暮らしをしていた私の祖母が、六十万円の布団を買わされるという悪徳商法に引っかかり、犯罪は許せないという気持ちが強かったことも動機のひとつになった。ただ、まさか警察官になって山の仕事をやることになるとは、思ってもいなかった。

体力には多少なりとも自信があり、またキツいことには慣れているつもりだった私は、救助隊への誘いに対し、「山なんて楽勝だろう」と安易に思い込み、二つ返事でこれを引き受けた。しかし、入隊して間もなくのゴールデンウィークの春山パトロールのときに、早速、山の厳しい洗礼を浴びることになってしまう。

この年は例年に比べて残雪が多く、八ヶ岳の主峰赤岳は真っ白に雪化粧をしていた。上下のヤッケを着込み、手にはピッケル、足にはアイゼンと、完全な冬山装備に身を固めた私は、山の楽しさも恐ろしさもまだわからないまま、先輩隊員について北沢コースを登りはじめた。

最初のうちは足取りも軽快だった。ところが、今まで背負ったことのない重い荷物に、しばらくすると呼吸が乱れはじめ、口数も次第に少なくなっていった。なによりキツかったのは、先輩のトレースをちゃんとたどれずに新雪を踏み抜いたり、体重移動がスムーズにできなかったりして、何度も腰まで潜ってしまったことだ。

てしまった。

これにより、ほかの人の二倍も三倍も体力を消耗し、先輩隊員に大幅に遅れをとっ

今振り返れば、まさしく自滅したような感じなのだが、当時は体力面では署内の誰にも負けないという自信があったので、自分でも「なんでなんだ」と大きなショックを受けた。しまいには食べ物も喉を通らないほどバテてしまい、自分が救助されるのではないかと思ったぐらいだった。このときはほんとうにプライドが傷ついたし、心も折れた。

「これはとんでもなくキツいところに入ってしまったな」と思っても、あとの祭りである。その後、登山の基本技術を少しずつ覚えていって、今はようやくコツをつかめてきたが、隊員になって三年、このときほどキツかった経験はいまだにない。

階段から転落した登山者

まだ隊員歴が浅く、実際の救助活動はそれほど経験していないが、そのなかでも鮮明に覚えている事例が、入隊して約一年後に起こった。

その年の正月、私は県警の先輩隊員二人、遭対協の隊員二人とともに冬山パトロ

ールで八ヶ岳に入山した。元日に北沢コース経由で赤岳天望荘に入ったわれわれは、翌二日、天候が優れなかったため、小屋で登山指導を行なった。稜線上は吹雪で、視界は一五メートルあるかないか。その悪条件のなかを出発していく登山者に対して注意を促し、アドバイスを与え、必要とあらば相談にも乗って「くれぐれも無理はしないように」と言い伝えた。

すべての登山者が出発していき、小屋が落ち着きを取りもどした昼前、中年の男性と、それよりも若干若い男性の二人組パーティが小屋に到着した。外は吹雪だったので、二人とも全身真っ白だった。どちらも装備はしっかりしていて、冬山登山に慣れているように見えた。

小屋の従業員が「アイゼンは外で外してください」と声をかけると、二人は小屋の入口付近でアイゼンとスパッツを外しはじめた。

「この天候のなかを登ってきたのだから、きっとそうとう疲れているんだろうな」

などと思っていたとき、突如として「ガシャガシャ」「ドカーン」という、ものすごく大きな音が小屋中に響き渡った。なにごとが起きたのかと思って、音のした小屋の入口のほうを見てみると、先ほどまで二人いたはずの男性がひとりしかいない。

「落ちた。大丈夫か！」と叫ぶ小屋の従業員の声に慌てて駆け寄ってみると、中年の男性のほうが入口横の階段の下に転げ落ちているではないか。その階段の脇には、トイレチップ用の大きな箱が置いてあった。男性は、ザックを下ろそうとしたときにそこに寄りかかってしまったようで、十数段ある鉄製の階段を箱もろとも転げ落ち、いちばん下で箱の下敷きになっていた。

急いで階段を駆け下りていって箱をどかしてみると、男性は口から多量の血を噴き出していた。持っていたピッケルのブレードが、下唇から顎にかけて真っ二つに切り裂いてしまったのだ。男性の意識ははっきりしていたが、唇がぱっくり割れていたのでうまく喋れず、喋ろうとすると血が噴き出した。その傷を見ただけで、医療の知識がほとんどない私にも、「すぐに止血しないと、下手をすると命に関わる」ということがわかった。

とはいえ、ここは標高二八〇〇メートルの山の上であり、おまけに天候もかなり悪い。街ならば救急車を呼んで病院に搬送し、すぐにでも縫合してもらうことが可能だが、山のなかではそういうわけにはいかない。

とにかくここでできる最善のことをするしかないので、私は自分が持っていた水をとってきて男性の傷口を洗い、裂けた唇を押さえて圧迫止血を開始した。その間に、先輩隊員や山小屋の従業員がほかにケガがないかをチェックし、救助の段取りを組んでくれた。幸い、三十分ほど圧迫し続けたら出血も止まったので、再度傷口が開かないようにテープで固定し、体を保温して気分を落ち着かせた。

問題は、どうやって男性を搬送するかだった。悪天候のため、ヘリコプターでの搬送は断念せざるを得ない。だが、しばらく様子を見ているうちに、若干天候が回復してきた。男性が唇以外にケガをしておらず、なんとか自力で歩けそうだったのも不幸中の幸いだった。こうしたことから自力下山を決定し、昼過ぎから下山を開始した。それも男性の登山経験が豊富だったことが大きかったと思う。もし経験の少ない登山者だったら、ケガのショックで気力が萎えてしまい、おそらく自力では歩けなかっただろう。

もちろん下山時にはわれわれも同行し、ロープで男性を確保しながら下っていった。地蔵尾根から行者小屋、赤岳鉱泉を経由し、下で救急車にバトンタッチしたときには午後三時を回っていた。引き継いですぐ、われわれは再び山に上がっていったが、無事救助を終え、命に別状なくケガ人を助けられたことで、胸は充足感でいっぱいだった。

それまで山岳遭難といったら、道迷いや転滑落、落石、病気といったイメージを持っていたが、こんな形の遭難事故もあるのかということをこの件で思い知らされた。山小屋までたどり着けばもう安心だというのが一般的な感覚だと思うが、決してそうではない。安全なはずの山小屋でも、不注意や油断によって事故は起こる。

山小屋の従業員が登山者に対していろいろ細かく注意を促すのは、そうした事故を防ぐためでもあるのだ。登山者にとっては口うるさく聞こえるかもしれないが、彼らの言葉にはしっかり耳を傾けていただきたいと思う。

「どうかあともう一日だけ」

平塚猛功（大町警察署　一九八二年、長野県出身）

行方不明者の捜索

通常、私は地域の一警察官として交番勤務に就いている。しかし、ひとたび遭難事故が発生して出動要請を受けると、山岳救助隊員として現場に向かうこととなる。

かねてから希望していた山岳救助隊員の一員に任命されたのは、警察官の拝命を受け、大町警察署の配属となって一年が過ぎた平成十九年春のことである。もともとレスキュー関係の仕事に就くのが私の夢であり、警察官になるのだったら山岳救助の仕事をやりたいと思っていたので、意外に早くその夢がかなう形となった。

私が配属された大町警察署では、日本を代表する北アルプスのなかでも主に後立山連峰を管轄しており、昨今の登山ブームもあって、登山シーズンともなれば大勢の中高年登山者がそれぞれ目的とする山を登りにやってくる。また、チングルマやイワカガミ、オヤマリンドウなどの高山植物を愛でながら雄大な白馬三山の大パノラマを満喫できる「八方尾根自然研究路」や、栂池高原から白馬岳へ続くルート上にある栂池自然園の散策コースなどは、手軽なハイキング感覚で楽しめるので、観光客や家族連れにも人気が高い。

だが、そのような初心者向けのトレッキングコースにおいてでも事故は起こる。転倒によるケガで歩けなくなってしまった人や、天候の悪化によって進退窮まってしまった人からの救助要請はあとを絶たない。まだ雪が残っている春先だというのに、スニーカーにジーンズという格好でやってきて、小さなザックの中には雨合羽とペットボトルの水ぐらいしか入っていないのだから、さもありなんだ。

では、しっかりした装備を持って本格的な登山ルートをたどろうとする人が事故を起こさないのかというと、もちろんそういうわけではない。とくに最近は、日没間際の時間帯での救助要請や、「山に登った家族が下山予定日を過ぎても帰宅しないので捜してほしい」といった届出が目立つようになっている。

遭難者本人から救助要請がある場合は、遭難現場がはっきりしているのでまず問題はないが、家族からの届出を受けて出動するときは遭難現場を特定できないため、遭難者が通ったであろうルート上を検索しながら捜索を行なうことになる。こうした山での捜索は、街中で行方不明者を捜すのとはまったく様相が違ってくる。アスファルトで舗装された道路とは違い、登山道はお世辞にも歩きやすいとは言えない。場所によっては岩がゴロゴロしているガレ場になっていたり、いつ落石があってもおかしくない箇所があったり、転滑落したらタダではすまない岩肌を縫って歩いたりすることもある。まだ雪が残る春山シーズンなどには、登山道は雪で覆われてわからなくなってしまっている。しかも、現場が特定できない以上、捜索は広範囲に及ぶことになる。

山での行方不明者の捜索が難航するのは、決して特別なことではないのだ。

初動の遅れ

「雨飾山に登山に行った父親が下山日を過ぎても帰ってこない」

その届出があったのは、平成二十一年五月十七日のことである。

雨飾山は、長野県と新潟県との境に位置している標高一九六三メートルの山で、日本百名山に数えられてはいるが、同じ大町署管轄の白馬岳や唐松岳などに比べる

雨飾山で行方不明になった登山者の捜索に当たる救助隊員と県警ヘリ「やまびこ」

と、登山者は決して多くない。登山道を少し上がればまだしっかり雪が残っている五月半ばという時期であれば、登山者はほとんどいないといってもいいだろう。

行方不明となったのは、六十一歳の単独行の男性で、登山歴は四十年以上、日本各地での登山経験があり、体力はあるほうだという。計画によると、男性は五月十日に家を出発し、この日は大町市内の旅館に宿泊。翌十一日に小谷温泉の雨飾荘から入山し、雨飾高原キャンプ場、笹平を経由して雨飾山に登り、黒沢の水場でビバーク。翌十二日、雨飾荘に下山して一泊し、帰宅する予定だった。いちおう装備はしっかりしていたようで、ツエルトやシュラフ、行動食等を所持していたという。

雨飾山に登った十一日、男性は友人宛に携帯電話で「雨飾山頂上付近でビバークする」というメールを送っている。さらに翌日の正午過ぎ、同じ友人に「今日、宿泊の予約を入れている雨飾荘をキャンセルしてほしい」というメールを送信したのを最後に、消息不明となっていた。

ところが、メールの送り先は携帯電話ではなくパソコンだった。メールを受け取っていた友人はしばらくパソコンを立ち上げずにいて、数日後にメールをチェックしてみたら男性からのメールが届いていたため、慌てて男性の家族に連絡をとってみたところ、まだ帰宅していないことが判明したのだった。さらに男性がひとり暮らしだったことも、発覚が遅れる一因となってしまった。

家族からの一一〇番通報を受け、われわれは翌十八日から捜索にとりかかった。この時点で、男性が行方不明になってからすでに六日間が経過していた。携行している食糧は、すでになくなっているものと思われた。夜間の気温は日中とは比べものにならないほど低くなるため、低体温症の心配もあった。行方不明者になっている本人にとっても、帰りを待っている家族にとっても、ギリギリの状況に追い込まれていることは容易に想像できた。それだけに「早く見つけてあげたい。家族にはお父さんは無事だったと伝えてあげたい」という気持ちが強く、出発前から心中期するものがあった。

雨飾山の登山口となる雨飾荘には、行方不明者の娘さん三人が駆けつけてきていた。事故が発覚してすぐに作成したのだろう、ほかの登山者らからの情報提供を求めるため、彼女らは「父を捜しています」というポスターやビラを携えていた。三人の表情には疲労の色が濃く、「父は山のなかのどこかでケガをして動けなくなっていて、今も救助を待っているのではないか」という不安な気持ちが、痛いほど伝わってきた。

三人の見送りを受けながら、私を含めた県警救助隊員二人と、地元の地理に詳しい地区遭対協隊員二人の計四人は、男性がたどったであろう登山ルートをトレースしはじめた。二人ずつの二パーティに分かれ、一方は雨飾高原キャンプ場経由で、もう一方は金山〜茂倉峰〜白倉峰経由で、お互いに無線で連絡をとり合いながらとりあえず山頂を目指した。しかし、いっこうに手がかりはつかめない。

「遭対長野××から遭対長野××」

「現在地、検索状況等、進展ありましたら送ってください、どうぞ」

「現在、特異情報ありません」

定時連絡で、幾度かそんなやりとりが繰り返された。山麓で待っている三人の娘さんのことを考えると、気ばかりあせり、歯がゆい気持ちでいっぱいになった。

山頂近くまで行くと、あたりは一面雪だった。通常であれば、登山者のピッケルやアイゼンの跡が雪の上に印されているものなのだが、行方不明になってから日数が経過していることもあってか、どこにもなんの形跡も残されていなかった。どこでビバークしたのかさえも、まったくわからなかった。

「男性はどこに行ってしまったのだろう。無事でいるだろうか」

時間の経過とともに、その思いばかりが強くなってくる。男性が登った日にほかの登山者がいたなら、目撃情報等が寄せられるのだろうが、登山者の少ないこの時期ではそれも望み薄だった。

結局、なんの手がかりも得られないまま、初日の捜索は終了した。捜索を切り上げて家族が待つ雨飾荘に向かう道すがらは、捜索の疲れはともかく、行方不明者を発見できなかった悔しさと、父親の帰りを心待ちにしている家族にどのような顔で会えばいいのかという申し訳なさで、ほんとうに気が重かった。

家族のもとへ

前日に引き続き、翌日も早朝からの捜索活動が始まった。ほとんど寝られないであろう三人の娘さんは昨日以上にやつれて見え、「今日こそはなんとか捜し出してほしい」という願いがひしひしと伝わってきた。

遭難者が転滑落している可能性を踏まえ、この日は前日捜索しなかった登山道以外のところを重点的に見て回った。県警ヘリは機体繰りの関係で飛べなかったが、代わりに新潟県警のヘリコプターがガンガン飛んで空からの捜索を行なってくれた。

だが、懸命の捜索の甲斐なく、まったく状況は進展しないまま、日没を迎えることになってしまった。翌日も前日と同じ態勢で捜索を展開したが、手がかりはなし。行方不明になってもう一週間以上経っていること、考え得る場所を三日間にわたって捜索したにもかかわらず発見できなかったことから、この日をもって捜索は打ち切られることになった。

その夜、大町警察署の翠川署長が雨飾荘に泊まっている家族のもとを訪れ、正式に捜索の打ち切りを伝えた。

「われわれとしては、可能なかぎりの捜索活動はさせていただきましたが、残念ながら行方不明者を発見することはできませんでした。これ以上の捜索は、より危険な場所に救助隊員を投入しなければならなくなります。しかし、隊員の命に関わってくることなので、捜索に当たらせることができません。どうかご理解ください」

この申し出に対し、娘さんのひとりは泣きながら「もう一日だけ、どうかあともう一日だけお願いします」と訴えかけてきた。それでも署長は妥協することはなかった。

「ヘリコプターでの捜索は継続的に行ないますが、これ以上、地上部隊を投入するわけにはいきません」

家族の立場からすれば、「捜索願いを出しているのに、発見されないまま捜索を打ち切られるなんて、どういうことなんだ」と思って当然だろう。しかし、地上部隊ができる捜索はすべて行なっていた。私自身、「自分の足で行けるところはくまなく捜した。もしこれ以上捜索を続けるならば、身の危険が及んでくるような場所に行かなくてはならない」と感じており、署長の判断は当然だと思えた。

だが、憔悴した顔で「もう一日だけ」「もう一日だけ」と何度も頭を下げる娘さんを前にしたとき、私は彼女らの顔を直視できず、「見つけてあげられなくてごめんなさい」と心の中で謝ることしかできなかった。もし私が娘さんに直接お願いされていたら、絶対に断わり切れなかっただろう。それほど気の毒だったし、逆に立場的にいちばん辛かったのは翠川署長だったと思う。

結局、この男性は、捜索打ち切りから約三週間後の六月六日、家族が帰りを心待ちにして待機していた雨飾荘からほど近い沢筋で、渓流釣りのために入渓した釣り人によって発見された。上流部からだいぶ流されてきたのだろう、ザックはなく、服もあちこち破けた状態だった。男性が亡くなってしまった以上、遭難に至るまでの行動については一切不明だが、想像するに、下山中に道に迷って沢筋を下っていってしまい、途中で滑落するという道迷い遭難の典型的なパターンだったのではないだろうか。

無事で帰ってくることを心待ちにしていた娘さんたちに、元気な姿で会わせてあげられなかったことはとても悔やまれるが、少なくとも家族のもとに帰らせてあげることができたのはよかったと思っている。本人も帰りたかったのだろうし、見つけてほしかったのだろう。

この事例のように捜索が長期化するようなケースでは、動物が遺体を食べてしまったり、白骨化してバラバラになってしまったりするので、遺体が見つからないことも珍しくない。事案によっては、家族の方に遺体を引き渡せる場合もあれば、それができないこともある。

私は救助隊員になりたくてこの仕事を志したわけだが、実際に仕事に就くまでは、「山で助けを求めている登山者がいて、そこへ救助隊員が駆けつけていって助け出し、颯爽と去っていく」といったイメージを持っていた。だが、いざやってみると、現場に駆けつけたときには遭難者が亡くなっていることも少なくない。しかも、体がバラバラになっていることさえある。そういう現場をいくつか体験していくうちに感じたのは、「思っていたのとは違うな。現実はこういう世界なんだな」ということだった。

われわれがどんなに強く遭難者を助けたいと望んでも、力及ばず助けられないことは、これからもたくさんあるだろう。だが、救助の仕事を続けていくうえで重要なのは、「待ってろよ。絶対に助けてやるからな」という強い思いだ。

その気持ちこそが、救助隊員としての私の原動力になっているのである。

後立山連峰で続発した大型遭難

翠川幸二（元山岳遭難救助隊隊長　一九五二年、長野県出身）

平成十七年三月、私は県警本部地域課で第十代目の県警山岳救助隊隊長を務め終え、副署長として大町署に赴任した。大町署は、映画『黒部の太陽』で知られている関西電力黒部川第四ダムの玄関口である大町市に所在する。南は槍ヶ岳の北鎌尾根、北は新潟県糸魚川市との境界にある雨飾山一帯までの広大な山岳地帯を受け持ち、北部には夏でも大きな雪渓が残ることで著名な白馬岳がある。

年間を通し多くの登山者で賑わっているこの管轄エリアで、平成十七年から十八年にかけていくつもの大型遭難事故が発生し、何人もの登山者がその生涯を山で終えることになった。ふだんなら、遭難事故が起きても署まで取材に来るのは信濃毎日新聞や中日新聞の記者ぐらいなのだが、これらの事故のときには、全国紙やテレビ局の記者など総勢三、四十人の記者が詰めかけてきて大騒ぎとなった。私の赴任中に起きた、その遭難事故のいくつかを振り返ってみよう。

杓子岳で佛教大学生三人が遭難死

平成十七年一月、杓子岳に登山していた京都の佛教大学山岳部の三人パーティによる遭難事故が発生した。三人は猿倉から入山、小日向のコルから双子尾根を経て樺平にアタックキャンプを設営し、山頂を往復して下山する予定だった。ところが予備日を過ぎても下山せず、大学から捜索願が出されたのであった。

捜索には、大学関係者のほか、県警救助隊、遭対協関係者など多くの人員が投入され、懸命な捜索活動が連日展開された。しかし、悪天候などにより捜索は難航し、一週間が経過してもなんの手がかりも得られなかったことから、捜索は一時中断されることになった。

雪解けを待って捜索が再開されると、週末のたびに交代で仲間が現地にやってきた。その献身的な捜索の結果、ようやく雪が消えかかってきた六月になり、相次いで三人の遺体が雪の中から発見された。遺体はシュラフにくるまったままで、幕営したと思われる場所からそうとう流されていた。そうした状況から、三人はテントで睡眠中、雪崩にやられて埋没したものと推測された。

遭難者の亡骸は大町署の霊安室に運ばれてきて、検死が行なわれたのち、ご遺族と対面した。半年ぶりに我が子と接見したご遺族の痛ましい想いは、いかばかりであったろうか。今もそのときの情景が思い起こされる。

事故発生時、私はまだ本部に勤務しており、この件には直接タッチしていなかったが、遭難者が発見されたのは大町署に異動してきたあとだったため、これが赴任後初めての大型遭難となった。この年は年間四十三件の遭難事故が発生したが、大きな遭難はこの一件だけだった。しかし、これが翌平成十八年の、衆目を集める連続大型遭難事故の序曲に過ぎなかったことは、このとき知る由もなかった。

ガイド登山中に力尽きたガイド

平成十八年の冬山は、一月に一件、二月に二件の遭難事故が発生したが、いずれも単発的で比較的穏やかに推移していた。

だが、三月に入って寒気もやや緩んできたころに、山岳ガイドら四人のパーティが唐松岳で遭難するという事故が発生した。このパーティは、中京方面からのガイドをリーダーとする、男性三人、女性ひとりのガイド登山の一行で、三月十一日から二泊三日の日程で八方尾根から入山していた。

四人は八方尾根の丸山ケルンにテントを張ってベースとし、そこから唐松岳をアタックした。唐松岳頂上山荘までは、天候はまずまずで視界もあったようだ。しかし、山荘を経て唐松岳山頂に至ったころには天候が悪化し、視界がきかなくなって方向さえ判然としない状態となっていた。風雪が次第に激しさを増すなか、四人は下山を始めたが、悪天候下で方向を誤ったのか、黒部川方向へ下る唐松岳南西尾根をルートにとってしまう。そしてピークから五、六〇〇メートル下がったあたりで行動困難となり、余儀なくビバークをすることになってしまった。

メンバーのひとりが携帯電話で家族に事態を告げ、その家族から警察に届出がなされたのは、翌十三日の早朝のことであった。救助要請後の定時連絡で、彼らは「唐松岳山頂をアタックして下山中、唐松岳頂上山荘に向かって約一〇〇メートル下方に雪洞を掘っています」と伝えてきている。本人たちは、間違いなく山荘に向かって下山しているという認識だったようだ。ところが、実際は一八〇度違う、富山側に張り出している尾根のほうに進んでいて、雪洞を掘ったのも富山県側の斜面だった。

十三、十四日の両日、県警ヘリや民間ヘリでの捜索が行なわれたが、悪天候に阻まれ充分な捜索はできなかった。三日目の十五日、夜明けとともに飛んだ民間ヘリが、午前六時二十四分、ようやく雪洞らしきものを発見し、救助を待っていた遭難者を救出した。四人のうち、客の三人は軽傷ですんだが、ただひとり、ガイドだけは帰らぬ人となっていた。

そのガイドは、雪洞を掘って客を避難させたあと、何度も雪洞から外へ出ていって、風雪のなかでルートを探していたという。客を危険な目に遭わせてしまったことに対して、大きな責任を感じていたのだろう。四人のメンバーのなかでは年齢的にいちばん若かったのだが、雪洞づくりやルート工作で体力を消耗し、最後は低体温症で命を落としてしまった。

助かった客の話によると、稜線に出る前にはすでに天気は悪くなっていたようで、客のひとりは「どうしてこんな天気の悪いときに行かなければならないんだろう」と思ったそうだ。晴れていれば山頂からは唐松岳頂上山荘も見え、苦もなく歩いていくことができる場所である。それが悪天候によって一変してしまった。山岳ガイドという職業柄、ピークを踏むことに執着し、撤退の決断が下せなかったのだろう。

客のニーズに応えなければという意識が判断ミスを生み、その結果、事故が引き起こされた。それはまるで、のちのトムラウシ山でのツアー登山の大量遭難事故を暗示しているかのようであった。

風雪の稜線で息絶えた三人

唐松岳での遭難事故から約半月ほど経った四月四日の午前九時ごろ、山スキーで白馬岳に入山した社会人山岳会の三人パーティが、下山予定日を経過しても連絡がとれないという届出があった。三人は四月一日に入山して白馬尻で幕営、翌二日、主稜から白馬岳に登り、大雪渓を滑降して下山するという計画であった。しかし、予備日の三日を過ぎても帰らず、携帯電話への連絡もつかないことから、会の代表が長野県警に届け出たのである。

捜索要請を受け、救助隊はただちに県警ヘリを飛ばし、午前、午後の二回にわたって捜索を行なったが、手がかりを得ることはできなかった。翌五日は、悪天候のためヘリでの捜索が困難な状況であったため、県警救助隊と遭対協の隊員計九人を地上から捜索に向かわせたものの、発見には至らなかった。その翌日は、やや天候が回復したので、ヘリコプターと地上班を併用して捜索を実施した。しかし、遭難者はもとより、痕跡らしきものさえ発見できずに、その日の捜索は打ち切られた。

「小蓮華山の稜線付近に、雪に埋もれて潰れたテントがあり、人らしきものが見える」

登山者からその連絡が入ったのは、七日の午後一時ごろのことである。たまたま小蓮華山を登っていた地元の登山者がテントを発見し、警察に一報を入れてきたのだった。

現場に向かった救助隊員は、雪の中に埋まっていた三人の登山者の遺体を確認した。それは、行方不明になっていた三人の遭難者であった。

白馬主稜を登って大雪渓を滑降するはずだった三人が、なぜ計画ルートから大きく外れた小蓮華山で遭難していたのかはわからない。計画を変更して小蓮華尾根を登っていったのか、あるいは主稜と間違えて小蓮華尾根に取り付いてしまったのか。

いずれにせよ、なにかしらのアクシデント、たとえば天候の悪化などがあって、稜線上にテントを張らざるを得なくなったに違いない。ところがビバーク中に風雪が激しくなり、テントが潰されて三人とも力尽きてしまったのだろう。三人とも亡くなっているので推測するしかないが、自然の猛威が牙を剥いたときの恐ろしさを改めて感じさせられた事故であった。

山スキー中の事故が立て続けに発生

小蓮華山での遭難者発見から一夜明けた四月八日の午後八時三十分、署の当直に新潟県の糸魚川警察署から遭難の届出通報があった。山スキーの五人パーティが下山せず、行方不明になっているという連絡だった。

五人は、六十歳代二人と五十歳代二人、それに二十歳代ひとりの男性で、栂池高原スキー場から蓮華温泉への山スキーツアーに出かけたのだが、夜になっても蓮華温泉に到着していないとのことで、安否を心配した家族が新潟県糸魚川警察署に相談の連絡を入れたのだった。

翌朝午前五時三十分、県警ヘリが松本空港を飛び立ち、捜索に出動していった。それから間もない午前六時十五分、捜索の段取りなどで煩雑としている大町署の地域課に、栂池ヒュッテから連絡が入ってきた。行方不明となっているパーティのメンバーひとりが自力下山してきて救助を要請したという。

そのメンバーの証言によって、ようやく事の次第が判明した。前日、悪天候をついて栂池高原スキー場を出発した五人は、天狗原から蓮華温泉に向かうときに、下りる沢を間違えて滑降してしまったそうだ。途中で間違いに気づいて引き返そうとしたところ、小さな雪崩に遭い、ツエルトなどが入ったザックや一部のスキー板などが流されてしまった。結局、その日のうちに栂池までもどることができず、ビバークを決定したが、そこは風の通り道となっている、白馬乗鞍岳の南東側の斜面だった。このため積雪が少なく、まともに雪洞も掘れないような状態で、五人はほとんど吹きさらしのまま一夜を過ごすことになった。そして朝になってみると、ひとりがすでに事切れており、下山を開始した四人のうち三人も途中で力尽き、ひとりだけがどうにか栂池ヒュッテまでたどり着いたのだった。

生存者の証言をもとに県警ヘリを現場付近に向かわせると、すぐに現場を特定することができた。そこは栂池ヒュッテから二〇〇メートルほど上部の斜面の途中で、雪の上には遭難者が点々と倒れているのが見えた。現場に降下した隊員は、意識のない遭難者を次々に救助・搬送したが、二十歳代の若者を除く三人が還らぬ人となった。

ただひとり助かった若者も、救助されたときには心肺停止状態に陥っており、搬送中はずっと心肺蘇生が行なわれていた。それが功を奏し、その日の午後十二時五十九分、若者は奇跡的に息を吹き返し、約一週間後には意識も回復した。

ほんとうによく助かったものだと思う。五人中三人が命を落とすという悲惨な結末のなかで、死の淵まで行った若者が辛うじて命をとりとめたことは、せめてもの救いだった。

この事故の対応で、四月九日は朝からずっと奔走していた。遭難者四人を搬送してそれがひと段落したころの午後一時十二分、今度は一一〇番通報が飛び込んできた。遠見尾根から沢筋に入って山スキーを楽しんでいた十二人のうち六人（東京都の男性三人、女性ひとり、長野県の男性二人）が雪崩に巻き込まれたという。またしても遭難事故の発生である。

遭難パーティは、白馬村のペンションのオーナーと宿泊客らで、一行は小遠見山から北側の沢筋に入り込み、六人ずつ二手に分かれて新雪を滑っているときに雪崩を誘発したらしい。救助に当たっては防災ヘリと県警ヘリの二機が出動し、雪崩に巻き込まれて部分埋没していた二人を助け出したが、残念ながらすでに死亡していた。続いて重傷の二人と無傷ですんだ二人をそれぞれヘリに収容し、早朝からばたばたと慌しかった一日がようやく終わったのだった。

雪の中から奇跡の生還

各地の山々が大勢の登山者で賑わっていたゴールデンウィーク中の五月一日のことである。東京都内に事務所を置く、全国的にも著名な社会人山岳会の四人パーティと単独登山者が、針ノ木大雪渓で雪崩に巻き込まれたとの一報が飛び込んできた。通報があったのは午後十二時三十五分、事故を目撃した登山者が携帯電話で一一〇番してきたのだった。

現場は大沢小屋上部五〇〇メートルほどのところで、すぐさま小屋から四人の従業員が出動してくれた。県警ヘリも午後一時二十五分に松本空港を飛び立ち、県警隊員とビーコンやスコップなどの装備を帯同して現場に入った。雪崩に埋没した遭難者の捜索は時間との勝負になる。多くの人員を投入する人海戦術をとったほうが効率的な捜索ができるので、涸沢に常駐していた県警救助隊員四人にも出動を願い、急遽ヘリで現場へと搬送した。

冬季の西穂高で冬山遭難救助の訓練が続く

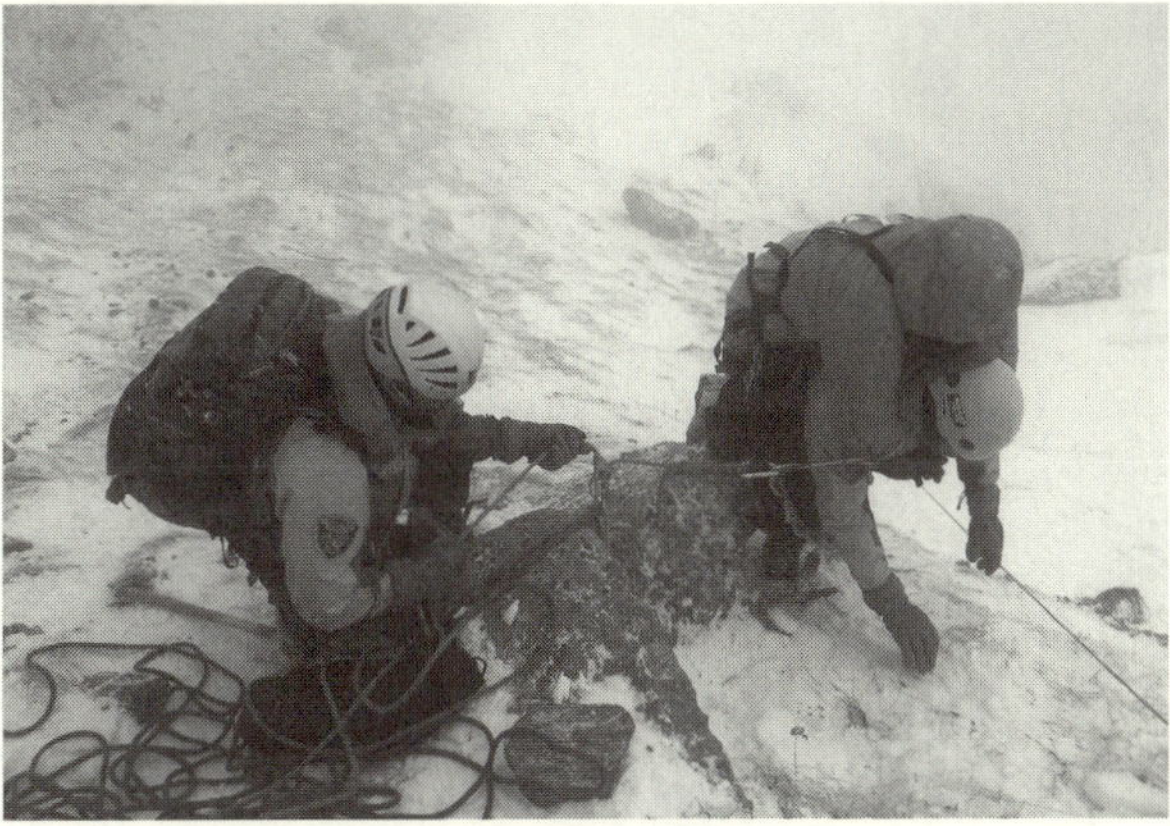

冬季、八ヶ岳で遭難者を背負って搬送することもある

雪崩れた斜面はデブリ状の固い雪塊が一面に折り重なっていたという。隊員らはビーコンを頼りに埋没地点を特定しながら、固く締まった雪をスコップで掘り下げていった。雪上にスキー板が散乱しているところは、より慎重に捜索を行なった。

最後の埋没者を雪の中から掘り出したときには、午後五時十四分になっていた。結果的に、山岳会パーティの女性二人と単独行の男性の合わせて三人が死亡し、残る男女二人が一命をとりとめた。そのなかで最後に救出された女性は、雪崩発生後、五時間以上も雪の中に埋もれていたというのに、奇跡的に命を落とさずにすんだ。発見した隊員の話によると、ビーコンを使って捜索していたときに、雪の中からかすかに声が聞こえてきたという。たまたま埋没した場所が雪と岩盤の僅かな隙間だったため、なんとか呼吸を続けることができたようだ。よくぞ低体温症にも陥らず、助かったものである。まさに死線からの生還であり、救助した隊員も驚いていた。

ガイド登山の一行を襲った季節外れの猛吹雪

白馬岳周辺の紅葉もやや終わりかけていた十月七日の午後六時三十分ごろ、ひとりの男性登山者がほうほうのていで白馬山荘にたどり着き、救助を求めてきた。小屋の従業員が話を聞くと、男性は山岳ガイドで、四泊五日の行程で白馬岳から栂海新道へと縦走するプランを組み、この日、女性のサブリーダーひとりと参加者の女性五人を従えて祖母谷温泉から入山してきたのだという。

ところが、当日の後立山連峰一帯は、発達した低気圧の影響で朝からの雨がみぞれに変わり、やがて猛吹雪に見舞われてしまう。ガイド登山の七人パーティは、その天候の急変に対応できず、猛吹雪と疲労のため稜線付近で行動困難となり、ガイドが先行して山小屋に助けを求めたのだった。

「吹雪のなかで動けなくなっている登山者がいる」との報せを受けた白馬山荘の従業員は、下部の白馬岳頂上宿舎にも応援を求め、双方の山小屋から従業員が出て遭難者の救助活動を開始した。猛吹雪の暗闇のなかで、彼らは三人の遭難者を救助してどうにか小屋まで運び込んできたが、うちひとりは救助後に死亡した。二重遭難を引き起こす恐れがあることから、それ以上の捜索・救助活動は打ち切られ、翌日に持ち越されることになった。

しかし、悪天候は翌日もおさまらず、救助隊員は現場にアプローチすることさえできなかった。翌九日になってようやく天候は回復し、早朝から県警ヘリと防災へリが出動して、冬山の様相を呈した現場に県警救助隊員六人が投入された。山小屋に搬送したのち亡くなった遭難者の遺体を収容したあと、行方不明となっているほかの三人の捜索にとりかかった。遭難者は積雪に埋もれていて発見には時間を要したが、その日のうちになんとか全員の遺体を収容することができた。

例年ならまだ紅葉の時期に、あれほど天候が荒れるとは前代未聞といっていい。そのなかで六人の登山者がバタバタと倒れていったのだから、まるで『八甲田山死の彷徨』のような状況だったのかもしれない。いくら人が山に精通していようと、ときに自然はその予想を上回って猛威を振るうことがある。それに遭遇しないようにすることが、登山者には求められよう。

山があるから人はそこに登る。人が山に入れば遭難事故も起こる。長野県は、登山者にとって魅力的な山々が数多く連なっているが、遭難事故は全国一多い。ピークを目指す岳人たちには、自然環境や気象条件とほどよく調和しながら、自分や同行者の安全を第一義として山を楽しんでほしいものと願う。

第5章　女性隊員と家族の思い

女性隊員に求められたきめ細やかな対応

岡田　恵（元山岳遭難救助隊隊員　一九七三年、長野県出身）

涸沢常駐の思い出

今の住まいからは、晴れた日には槍ヶ岳が姿を見せてくれる。その勇姿を見ながらときどき思う。いまだに増え続けている遭難事故を、どうしたら減らすことができるのかと。役に立たないながらも、ついそんなことを考えてしまう。

一九九四年七月、長野県警は全国で初めて女性に対して山岳救助隊の門戸を開き、私と宮坂光江さんが採用されることとなった。歴代の女性隊員のなかでも、自ら希望して隊員になったのは、私と宮坂さんの二人だけだそうだ。以来、二〇〇一年に結婚退職するまでの七年間、救助隊の一員として自分なりにがんばってきたつもりである。

最初のころは、ただでさえ緊張と不安で押しつぶされそうだったのに、全国初の女性隊員ということでマスコミに注目されたため、大いに戸惑った。まだなにもできないのに、取材を受けたりテレビなどに出たりする機会も多く、つい変なことを言ってしまわないだろうかと、いつも嫌々ながらやっていた思い出がある。

男性救助隊員にしてみれば、「なんで救助隊に女が」という気持ちがあったと思う。それをじかにぶつけてくる人もいれば、遠回しに言われることもあった。なんとか耐えられたのは、私も宮坂さんも「山が好きだ」という気持ちが強かったし、なったからにはやるしかないと思っていたからだ。この仕事は、とくに女性の場合は、精神的に強くならないと、とてもやっていけない。

「山にはベテランはない」「訓練は男性隊員と同等に」などと、先輩隊員には厳しく指導された。物見の岩での岩登りの訓練、県内の主な山での縦走訓練や救助訓練はたしかに厳しく、体力的には絶対に男性隊員にかなわないと思ったが、気力だけは負けたくなかった。一方で「女性ならではのきめ細やかな対応」が求められ、隊員のサポート役や登山者の相談活動などに回るときには、極力それを発揮するよう心がけた。

涸沢での常駐期間中、私たちが救助の現場に出動することはなく、主な任務は登山者の相談に乗ることだった。だが、男性隊員と同じように訓練をやっているのに現場には行けないことについて、不満はまったくなかった。自分は未熟だと思っていたし、男性と女性の体力差は間違いなく存在する。その点はちゃんと割り切っていたので、とにかく女性としてできることをやるだけだった。

そうは言っても涸沢常駐のときにはパトロールに出ることもあり、その際にたまたま事故現場に遭遇してしまうこともあった。今でもよく覚えているのは、春山常駐のパトロールで北穂高岳に登って下山するときに遭遇した事案だ。このときの事故は、北穂沢で登山者が雪崩に流されるというもので、連絡を受けた私たちはすぐに現場に向かったが、雪に足をとられてなかなか前に進めなかったのを、昨日のことのように思い出す。

ようやく遭難者のところにたどり着き、ケガを負った頭部の応急手当にとりかかろうとしたら、「あれ、どうやるんだっけ？」と、頭の中が真っ白になってしまった。救急法のやり方についてはひととおり学んでいたはずなのに、あせっていたせいで、一時的に忘れてしまったのである。結局、「どうしたらいいんだろう」と動揺しながらも、どうにか三角巾を頭に巻きつけた。その後、遭難者はヘリコプターで搬送されていったが、遭難者を診察したお医者さんは、巻かれた三角巾を見て「なんだ、これは？」と呆れたに違いない。

このケースも含め、救助隊員だったときの出来事は、ひとつひとつが印象深く残っている。失敗も多く、「何年やっているんだ」と怒られたこともあった。先輩隊員からの厳しい言葉の数々は、今も頭から離れない。

また、山小屋や遭対協の魅力的な方々と出会えたこともいい思い出である。皆さん、ほんとうに山が好きな方ばかりだった。そうした人たちといろいろな話ができたことは、私の血となり肉となった。警察官を辞めたあとも、皆さんからは仲間として迎え入れていただいているので、とてもありがたく思っている。

残念ながら、現在は女性隊員の採用が行なわれなくなってしまった。長野県では遭難事故が増え続けているので、女性隊員よりも男性隊員を多く採用したほうが、現場としたら心強いのかもしれない。ただ、山ガールに代表されるように、最近は山に登る若い人たちが増えてきている。それを考えると、女性隊員も必要なのではという気もする。せっかく今まで続いてきたので、これからも続けてほしいなと思っているのだが……。

いつか家族で北アルプスに

救助隊員になって二年目の春、新隊員として入隊してきた今の夫に、物見の岩での訓練のときに初めて会った。彼は関西出身なのだが、当時、一一〇番受理を担当していた私は、「関西の人は言葉がキツく、怖い」というイメージを持っていた。だから関西人とは絶対に結婚しないと決めていた。実際、彼も正直言って苦手なタイプだったし、まったく興味もなかった。

それから二、三年は、異性として意識することもなく、ただ同じ山岳遭難救助隊の同僚というだけの関係だった。ところがあるとき、たまたま二人で話す機会があり、彼がほとんど関西弁を使わずに標準語に近い言葉で話していることに気づき、そこから意気投合して、いつの間にかお付き合いするようになっていた。

ただし、二人の関係はずっとひた隠しにしていた。機動隊所属の彼とは仕事中に顔を合わせることもほとんどなかったので、密かに静かに付き合いは進行していた。ところがしばらくすると、彼と同期の隊員が、「あの二人は怪しい」と勘ぐりはじめ、その噂は徐々に広まっていった。そしてとうとうバレるときが来てしまった。

彼の職場内で飲み会があったときに、その場にいた救助隊のある人から私のところに電話があり、「岡田が付き合っていることを白状したぞ」と言われたのである。私は「あー、バレちゃったんだ」と観念し、正直に「実はそうなんです」と答えた。次の瞬間、彼は嬉しそうにこう言った。

「引っかかったな」

なんのことはない。私はカマをかけられていたのだった。

その後、私は除隊と同時に警察も退職し、彼と結婚して専業主婦となった。夫は今も、救助隊に在籍し、救助要請があれば現場に救助へと出動していっている。

彼は、家庭では仕事の話をほとんどしない。聞けば話すのかもしれないが、あえて聞かないようにしている。山がどんなところなのかはよく知っているし、夫が出動していくのは大きな事故がほとんどなので、テレビでニュースを見れば、「こういう現場に行っているんだ」とわかる。だから不安はあまりないし、不安がってもしょうがない。私にできるのは、「がんばって」と見守りながら、無事に帰ってくることを信じて待つことだけだ。

警察で一一〇番受理と地域課の仕事を兼務していたとき、事故が起きると場所を地図で確認していたので、北アルプス以外の山だったら夫よりも私のほうが詳しいかもしれない。結婚後もその知識を生かし、夫が家にいるときに出動要請が入れば、地図を引っ張り出してきて「ここだよ」と教えたこともあった。そこがもし訓練で行ったことのある山だったら、「こんなところだよ」とアドバイスしたこともあった。夫のために少しでも役に立てればという気持ちは、今も変わらない。

もっとも、子どもがまだ小さかったころは、突然の出動要請が入ったりすると、「なんで私が全部背負わなきゃいけないの」と思ってしまったりもした。仕方のないことだとはわかってはいたけど、やっぱり不満のひとつでも言いたくなってしまう。今、子どもは九歳と五歳。お父さんがいないことについて今まで文句を言ったことはないので、もう慣れているのかもしれない。

子どもができたら、おんぶして山に行こうと思っていたけど、現実はなかなかそうもいかなかった。だが、警察を辞めてちょうど十年が経った平成二十二年の九月、子どもを実家に預けて夫とふたりで涸沢に行く機会に恵まれた。私にとって久々の北アルプスだった。一泊しかできなかったけど、天気はよく夏山のような陽気で、「山の神様、ありがとうございます」と心のなかで感謝した。長らくご無沙汰していた山小屋の皆さんともお会いでき、懐かしくも楽しいひとときを過ごすことができた。

二人で下見ができたので、今度はぜひ子どもを連れていきたいと思っている。素晴らしい景色や満天の星空や天の川を、家族そろって見に行けたらいいな。

救助隊員になって知った素晴らしき山の世界

藤森由希子（元山岳遭難救助隊隊員　一九七六年、長野県出身）

なぜ私が救助隊員に

警察官になり、諏訪署で念願の交通課勤務をはじめて二年が経った平成十三年、仕事も覚えてやりがいを感じるようになっていた矢先、思いもよらない本部地域課への異動を命じられた。しかも、山岳救助隊員に指名されるというオマケまでついて。

それまで山の経験などまったくなく（学校登山も嫌なぐらいだった）、救助隊に女性隊員がいることすら知らなかった私は、最初にその話があったときに「とてもじゃないけど自信がありません。無理です」と断ったのだが、通用しなかった。剣道をやっていたので、「体は丈夫だし体力もあるだろう」と思われたのだろうか。

そうだとしても、救助隊には県下でもトップレベルの機動隊の隊員もいる。そんな男性隊員たちに、ついていけるわけがない。とにかく仕事に就くまでは、未知なる異動先で起こり得る出来事を想像することもできず、交通警察を続けられない絶望感と不安とでいっぱいだった。

しかし、嫌だといってもやらなければならないのがこの世界であり、私の意思とは関係なく救助隊員としての日々がはじまった。新しい職場の本部地域課では、ふだんは通信指令室での仕事を行ない、兼務する救助隊員としての仕事は事務関係が中心だった。このため、男性隊員のように救助要請を受けて現場に出動していくということはなく、常駐のときと訓練のときだけ実際に山に行って活動した。

その初めての春山常駐では、いきなり雪との格闘が待っていた。雪の上での歩き方がわからないのでなかなか前に進まず、ただただ苦しいばかり。前を行く男性隊員の足元だけを見ながら、足を一歩一歩前に出していけばいつかはたどり着くとの一心で、ほかの登山者に励まされながらやっとの思いで涸沢まで登り着いた。そのときの私は救助隊員としての自覚ゼロ。ほんとうに情けないスタートだった。

そんなスタートを切った私がその後六年間も救助隊員を続けることができるとは、誰も思っていなかったと思う。はじめのうちは不安ばかりが先立って、常駐が近づくにつれ気が重くなっていた。常駐期間中は、なにがダメなのかわけがわからないのに怒られることもたびたび。救助隊恒例の物見の岩での訓練では、「一本のルートを完全に登るまでは下ろさない」と言われ、二時間近くロープにぶら下がっていたこともあった。それがいつしか、山で仕事ができることにやり甲斐を感じるようになっていたのだから不思議なものだ。

女性だからこそできることを

女性隊員が救助の仕事に専念することになるのは、春山と夏山シーズン中の涸沢常駐のときである。常駐期間中は、朝の登山者指導から始まり、パトロール、訓練、そして遭難救助と、瞬く間に時間が過ぎていく。とくに事故が発生したときには、常駐基地はとたんに慌しくなる。出動準備を整える男性隊員のサポートをしたり、スムーズに救助活動ができるようにさまざまな手配を行なったりするのは、私たち女性隊員の役目だった。

隊員になりたてのころは、はじめたからには全力で取り組みたかったので、男性隊員と同じような仕事ができないことが、悔しくてたまらなかった。男性と女性では体力的な差があることは間違いないが、「女だから」とは言われたくなかった。

最近の女性隊員による春の涸沢常駐

所轄署の男性隊員と同じぐらいの訓練はしているはずなのに、男性隊員は戦力、女性隊員は裏方みたいな扱いが不満だったのだ。

「だったら訓練なんてやらなくてもいいじゃない」

胸の内にはそんな思いがいつも渦巻いていた。

しかし、そのうちに「女性だからできることがあるはず。それを精一杯やればいい」と思えるようになった。「同じ訓練をしているのに」という不満は、「いっしょに訓練をしているからこそ考えや気持ちが理解でき、適時的確な手配を行なえるようになるのだ」と考えるようにした。すると葛藤が消えていき、気持ちも楽になってきた。

実際、同じ救助隊員として見たときに、女性隊員のほうが男性隊員に勝っていたことだってある。それは登山者に声をかけられた回数である。基地に常駐しているときやパトロールに出たときなど、「救助隊の方ですか？　女性もいるんですね」と、ほんとうにたくさんの登山者から気軽に声をかけてもらった。世間話をすることも多かったが、その話のなかで危険箇所のアドバイスやコースの相談に乗ることが自然とできた。これは人当たりがソフトな女性ならではのメリットだろう。そういう面では少しは遭難事故防止の役に立てたものと自負している。

常駐期間中、事故もなく平穏な日には、夕方から反省検討会（要するに宴会）がはじまり、警察と民間の常駐隊員がお互いの心のうちを語り合った。ときには個々の体験談があり、また説教もあった。救助に対する思いは十人十色、「俺はこうだ」という人がいれば、「いや、俺は違う」という人もいた。そういう貴重な話を聞くことができたのは収穫だった。このような時間があってこそ仲間意識が芽生え、お互いの信頼関係の構築につながるのだろう。良くも悪くも、酒の効用をここで身をもって体験したような気がする。いい点は人間関係の潤滑油になること。悪い点は……あえて触れずにおこう。

残念ながら、今、救助隊には女性隊員がいないそうだが、もったいないことだと思う。女性隊員に対する登山者のニーズは絶対あるはずなので、いつかまた復活させてもらいたい。

救助隊での経験は私の誇り

救助隊員として過ごした六年間でいちばん印象的だったのは、山での人と人との結びつきの強さだ。知らない人同士でも自然に挨拶を交わす。助けを求める人がいれば、みんなが協力し合って手をさしのべてくれる。自分のことだけで精一杯の人が多いなか、自分のすべきことをやりながら、ほかの人のこともフォローする。それはなかなかできないことである。山には、今の時代で忘れかけているものが残っているような気がした。

右も左もわからないまま、そんな素晴らしい山の世界に飛び込んだ私は、「山に来た人みんなが無事に帰ってもらいたい」「遭難事故を一件でも減らしたい」という思いを持ちながら、救助隊員としての任務に当たってきたつもりである。しかし、自分の役目をきちんと果たせたのかといわれれば、正直自信がない。実際、パトロール中に自分が声がけした高齢の登山者が転落して亡くなってしまったこともある。みんな自分の意思で登山をしているとはいえ、もっと私にできることはなかったのかと思い悩んだこともあった。

だが、六年間を全力で駆け抜けてきたことだけは確かであり、山岳救助隊員として活動できたことは私の一生の誇りになるだろう。

ところで今、私は県警本部で通信の仕事に就いているが、ショックだったのは、気軽にタクシーでも呼ぶかのように「ヘリを一台お願い」と言って救助要請をしてきた遭難者がいたことだ。また、「足をくじいて歩けない」という連絡が入ったので、「今、警察のヘリは出動できないので、民間のヘリにお願いすることになります」と告げたら、「お金がかかるんだったら自分で歩く」と言って電話を切った登山者もいた。ガッカリである。

山の世界も変わりつつあるのだろうか。こういう時代だからこそ、なおさら、私が感銘を受けた山の素晴らしさが、いつまでも人の心の中からなくならないでほしいと願っている。

女性隊員として過ごした四年間

坂井美幸（元山岳遭難救助隊隊員　一九八一年、長野県出身）

打ち砕かれた自信

山岳遭難救助隊員に指名されたのは、警察官になって三年が終わろうとしていたときです。当時、警察署の生活安全係の刑事として仕事をしていた私には、まさに「寝耳に水」のことでした。救助隊に女性隊員がいることは、警察学校にいたときに聞いたことはありましたが、自分にはまったく関係のないことだと思っていました。そもそも学校登山以外の山登りなんてしたことがない私が、山のスペシャリストの集まりのようななかに入っていって大丈夫なのだろうかと、不安しかありませんでした。

そんな私が、ほかの隊員についていけるわけがありません。最初のころは、山を歩いていても私だけがどうしても遅れてしまい、悔しい思いをしました。しかし、そこで諦めてしまうと、単なるお荷物になってしまいます。ついていけないのは自分の努力が足りないからだと、密かにスポーツジムに通って筋力アップに励みました。

その甲斐あってか、隊員になって三年目を迎えるころにはほとんど遅れることもなくなり、自分に自信が持てるようになりました。男性隊員と同様に、実際の救助現場にだって行ける。それぐらいの自信がありました。

しかし、そんな自信は一瞬にして打ち砕かれてしまいました。それは北アルプスの涸沢で夏山常駐をしていたときのことです。北穂高岳の南稜下部で男性登山者が滑落してケガをしたとの通報があり、自分はいつものように無線番だろうなと思っていたところ、先輩隊員から声がかかりました。

「坂井、行ってこい」

現場へ行かしてもらえるとは思ってもいなかったのでとてもびっくりしましたが、「ついにこのときが来たか！」と張り切って準備をすませ、ほかの隊員や山小屋の従業員といっしょに基地を飛び出していきました。

ところが、彼らの足の速さは私が想像していた以上で、あっという間にひとりだけ遅れをとってしまいました。それでも「早く行かなければ」という一念で息を切らせながら登っていき、どうにか現場に着いてみると、ヘリコプターで吊り上げるためのセットはすでに終わっており、ほかの隊員が遭難者を背負ってピックアップポイントまで下ろしているところでした。それは自分の力不足をまざまざと見せつけられた瞬間でもありました。

このとき以来、悩める日々が続きました。

「救助隊員として私にはなにができるのだろう。単なるお荷物なのでは……」

再び自信を喪失し、救助隊員としての存在意義を見失いそうにもなりました。それでもこの仕事を続けているうちに、「遭難者を救助することだけが救助隊の仕事ではない。登山者への指導や心のケアなど、現場に行かなくてもできることがある」と思えるようになってきました。山の素晴らしさと、そこでの人とのつながりが、私を強くしてくれたのだと思います。

初めての山で

結局、私は四年間、救助隊員として活動しましたが、たくさんある思い出のなかでも、強く印象に残っている出来事があります。それもまた、夏の涸沢常駐のことでした。

ある日、若い男性登山者が、荷物も持たずに走って常駐基地に飛び込んできました。とても慌てた様子で、彼は開口一番、こう言いました。

「いっしょに山に来た彼女が動けなくなってしまいました」

よく話を聞いてみると、男性はまったく山登りの経験のない彼女に素晴らしい山の景色を見せてあげようと思い、二人で穂高を目指したのですが、いきなりの北アルプスは彼女には荷が重かったようで、途中で怖くなって動けなくなってしまったとのことでした。

遭難者の救助に当たっては、ケガ人を背負ったりヘリコプターでピックアップしたりするのに高度な技術と体力が要求されるため、通常は男性隊員が現場へ向かうことになります。しかし、このときはケガをしているわけではなくただ怖がっているだけだったこと、またそれが女性だったことから、私が出動していくことになりました。

現場へはパトロール等で何度か行ったことがあったので、すぐに彼女のもとへ駆けつけることができました。そこは、山登りをしている人にとっては決して難しい箇所ではなく、難なく通過できるところです。でも、登山をしたことのない彼女にとっては、ものすごい急斜面に見え、大きな恐怖を感じてしまったのでしょう。

その気持ちはよくわかります。私もいちばん最初に訓練に参加したとき、雪上でのトラバースが怖くて仕方ありませんでした。ここで足を滑らせたら落ちて死ぬのではないかと余計なことばかり考えてしまい、恐怖感に縛られて足が思うように動かなかったものです。

とはいえ、彼女自身にしっかり自分で歩いてもらわないことにはどうにもならないので、私が前を歩きながら、一歩ごとに足の置き場所を指示して、少しずつ前に進んでいきました。傾斜が落ちて緩やかな斜面になっても、彼女の歩調は変わりません。一歩ずつ、慎重すぎるぐらいのペースでゆっくり歩いていきました。

歩きながら、いろいろな話をしました。少しでも恐怖を取り除こうと、積極的に話しかけました。実は自分もこの仕事に就くまでは山に登ったことなんてなかったこと、それがわずか数年で人を救助する立場になっていること……。その話に、彼女は真剣に耳を傾けてくれていたようです。

道が、ある程度平坦になったところで休憩をとり、常駐基地でひと休みしてからこちらに向かってきている彼氏を待ちました。合流後、「私がついてあげられるのはここまで」と告げ、再び下山を始めた二人を見送りました。

誰にでも最初があります。その最初に選んだのが、本人に見合ったところではなかったのが、このときの彼女のケースです。彼氏と二人で出かけた楽しいはずの登山が、とんでもないことになってしまって、ちょっと気の毒な気もします。彼氏にしてみれば、彼女に山の素晴らしさを伝えたいと思ってしたことなのに、それが裏目に出てしまいました。

このことで別れてしまうのではと心配しましたが、彼女と話をしたときの様子では大丈夫だったかな。今でも仲よくやっていてくれればいいのですが。

家族はただ無事を祈るのみ

小倉千恵美（元涸沢常駐隊隊員　一九六三年、神奈川県出身）

涸沢常駐隊に志願する

山岳救助隊員の夫と知り合ったのは、私が常駐隊員を志願した昭和六十三年の夏のことでした。そもそも私が常駐隊員を志願したのは、絵を描くために友達といっしょに涸沢に行ったのがきっかけでした。それまで山の経験はまったくありませんでしたが、山にはずっと憧れていて、それを実現させたのがこの涸沢山行でした。

初めて目の当たりにした山の光景にすっかり魅せられてしまった私は、「ずっとこういうところにいたいなあ」と思うようになりました。翌年、たまたま「常駐隊募集」のチラシを見て「これだ！」と思い、応募条件には全然合わなかったのですが、山にいたい一心で常駐隊の隊長さんに手紙を書きました。唐突なお願いに「なにか」を感じていただけたのか、「だったら来てみろ」ということになり、最終的にOKが出たのです。以来四年間、夏山シーズン中のみ涸沢に常駐し、登山者の安全を守る隊員らとともに仕事に励んできました。

涸沢常駐隊の正式名称は、「北アルプス南部地区山岳遭難防止対策協会遭難防止常駐隊員」といいます。毎年七月中旬から八月下旬までの四十五日間、涸沢ヒュッテのすぐ隣に開設される「長野県山岳総合相談所」をベースに、県警の救助隊員と寝起きをともにしながら、遭難防止や遭難救助などの活動を行なっています。

遭難救助のことはもちろん、山のことさえろくに知らなかった私は、常駐隊員になって初めて、山岳遭難救助に長い歴史があること、警察に山岳救助隊があることを知りました。その世界がまったくの男性社会であることは前から承知しており、そんななかでも「女性にできることがなにかあるはずだ」と思って隊員になったのです。

ところが、実際になってみたら、思っていたのとは全然違っていて、安易に志願したことを深く後悔しました。なかでもいちばんショックだったのは、女性ならではの特性を活かせるものがなにもなく、なんでも男の人がやってしまうことでした。自分の存在価値が見いだせず、また男性隊員の「女のくせになんでこんなところに来たんだ」という視線と厳しい対応がとても辛く、最初の年はほんとうに大変でした。

それでも二年目からはもうひとりの女性隊員が採用され、増えつつあったファミリー登山者や女性登山者への対応を任されるようになりました。時代が変化し、登山者の層や意識が変わっていくなかで、女性隊員としての居場所を得られるようになったのは幸いでした。また、そういう場をつくっていただいた関係者の方々には、今でも感謝の気持ちでいっぱいです。

隊を率いる猿田隊長には、怒られながらもいろいろなことを教えていただきました。

「言われてからやるな。言われる前にやれ」

何度もそう指摘され、自分の至らなさに落ち込んだり悔しい思いをしたこともたくさんありました。しかし、猿田隊長はただ厳しいだけではなく、人を思いやる優しさも持ち合わせており、たくさんの方々から信頼されていました。名だたる山岳関係者や著名な登山家も、涸沢に来れば必ず隊長のところに顔を出していました。私がファンだった登山家の故・長谷川恒男さんも挨拶に来られ、お酒をごいっしょしたことはいい思い出となっています。

家族の気持ち

四年間務めた常駐隊員をやめ、県警救助隊員の夫と結婚してからは、家族として夫の救助活動を見守る立場となりました。救助の要請が入ると、着の身着のままで家を出ていってしまい、いつ帰ってくるのかまったくわかりません。

週末の呼び出しは数知れず、正月、お盆、ゴールデンウィークなど、人が休むときには必ず救助要請があり、いつも主なき休日を過ごしていました。家族でキャンプをしているときや、湘南の海で海水浴をしているときに呼び出しがかかったこともありました。子どもの野球の審判をしていたときも、中断して現場へ駆けつけていきました。

どんな状況であっても、「仕事だから」とひとこと言って出ていってしまうのです。「気をつけてね」という以前に、「え、また行っちゃうの？　今度も私たちは置き去りなのね」と、恨みごとのひとつも言いたくなったことは、一度や二度ではありません。

でも、それが夫の仕事なので仕方ありません。そうしたことがあるたびに家族は落胆したものの、いちばん残念な思いをしているのは本人であり、またこれから向かう厳しい現場のことを思うとなにも言えませんでした。子どもたちも空気を読んでくれていたようで、そのうちいつ呼び出されても大丈夫なように予定を立てるのが我が家流になりました。

山岳遭難救助に限らず、すべてのレスキュー活動において、隊員の家族はただ無事を祈るのみなのでしょう。事故現場は状況が劣悪な場合も多く、あえてそこに向かう本人の思いは、家族には図り知ることもできません。ただ、本人がいたって冷静であること、毎回必ず無事に帰ってくることのみに支えられて、送り出していました。

テレビや新聞などで救助活動の様子を見て、「ああ、こういうことをやっているんだ」と思ったことも何度かありましたが、不安や心配はそれほど感じませんでした。「大丈夫。絶対に帰ってくる」と信じて送り出しているうちは絶対に大丈夫だと、強気でいたからだと思います。知り合いが「テレビに出てたね」と言って、心配し労《いたわ》りの言葉をかけてくれたことも、家族としては嬉しく、またとてもありがたく感じられました。

しかし、自然の恐ろしさは人知を越えるものがあり、〝絶対〟はないことも知りました。「二重遭難は絶対に起こしてはならない」という言葉を信じている救助隊員の家族にとって、ヘリコプター・レスキューのスペシャリストであった東邦航空の篠原秋彦さんの死は信じがたく、あってはならない事故でした。

冬山での救助活動に向かった際に、仲間が雪崩に遭って埋もれてしまい、それをなんとか掘り起こして無事に生還した日のことも、いまだに忘れられません。ふだん仕事の話はほとんどしないし、愚痴ひとつこぼしたことのない夫です。それがこのときだけは、朝方帰ってくると、「死を身近に感じた」と言って、概要を話してくれました。そんなことは今まで一度もなかったので、ほんとうに命からがらだったのだと思います。

ふだん、「危険だったら一目散に逃げてくるから大丈夫」と言っていたのは、私たちを心配させないための、夫なりの気遣いだったのでしょう。

子どもたちは、物心ついてからずっと父親の仕事を見てきましたが、大変な救助をしてきたあとでもいたって穏やかな父親の様子に、危険な現場を想像することすらなかったと思います。もしかしたら、「家族が待っている」と思う気持ちが、厳しい現場を乗り切らせてくれていたのかもしれません。

平成二十二年の春、夫は二十二年間勤めた救助隊を除隊しました。長年携わってきた仕事だけに、本人はもとより家族も少し寂しいような気がしています。でも、正直に言えば、やはり安堵しました。年齢的にもちょうどいい引き際だったのではないかと思います。

今、救助の現場では、夫の後輩に当たる若い隊員たちが中心になって活躍しています。そしてその裏では、ご家族の方々が彼らを支えています。

そのことを思い、今後の救助隊員の皆様の無事を願ってやみません。

第6章　現代の登山者事情

山の楽しさ、素晴らしさが一瞬で台無しに

岸本俊朗（機動隊　一九七八年、千葉県出身）

念願かなって救助隊員に

信州大学に入学して山岳部に入り、気がついたらいつの間にか山にどっぷりとはまり込んでいた。登山とクライミングに明け暮れ、結局、大学には五年通うこととなった。

当時の山岳部には、先輩に花谷泰広さん（現在は山岳ガイド）、同期に大木信介氏（現在は山岳写真家）、後輩に横山勝丘氏（現在はパタゴニアのアンバサダー）といった人々がいた。いずれも強烈な個性の持ち主で、濃くも楽しい時代だった。

平成十三年の九月、大学五年のときに同期と二人でヨーロッパ・アルプスへ行き、マッターホルン北壁を登ったのはいい思い出である。

翌年、長野県内の日本語学校に就職して社会人になったが、休みはすべて登山と

クライミングに費やした。そしてその年の夏、再びヨーロッパへ行ったときに、今の自分を暗示するような出来事が起きた。このときの目的はグランドジョラス北壁。私を含めた三人でパーティを組み、残りあと二〇〇メートルの地点まで迫ったのだが、壁のコンディションが悪く、登山靴とアイゼンで登ったり、フラットソールで登ったりと、靴の履き替えが多かったことが災いした。靴を履き替えるときに、パートナーが登山靴を含む装備一式を落としてしまったのだ。

進退窮まったわれわれは、その日から三日間、雪まじりの雷雨のなかでのビバークを強いられることになった。とにかく雷がひどく、稲光で壁が真っ白になるたびに生きた心地がしなかった。最終的に、山麓でいっしょだった日本人パーティが、予備日を過ぎても帰ってこないわれわれを心配して救助を要請し、出動したヘリコプターに救助されてことなきを得た。

このときに強烈な印象として残ったのが、ヘリから降りてきた救助隊員が手際よく自分たちを救助する姿だった。

その翌年の夏、前年のリベンジを果たすべく、われわれは再度グランドジョラスへと向かった。ところが、その年のヨーロッパは記録的な熱波に見舞われていた。

泊まった山小屋の管理人には「今年はやめたほうがいい」と言われたが、せっかく来ているのだから、そう簡単には引き下がれず、気持ちのうえでは行く気満々でいた。

そんなわれわれにストップをかけたのが、メンバーに加わっていた山岳部のOBだった。夜中、小屋で寝ていたときに、彼が突然、むくっと起き出して、「やっぱりやめたほうがいいんじゃないか」と言い出したのである。

「お前たちは俺の息子みたいなものなんだから」という涙ながらの訴えに、われわれは反論することができず、「そこまで言うのなら、やめます」ということになった。

翌朝、山小屋をあとにして引き返していると、突如うしろからものすごい轟音が響いてきた。何事かと驚いて振り返ったわれわれの目に映ったのは、大崩落した岩壁と、氷河の上にもうもうと立ち込める土煙だった。熱波によって氷河がどんどん解けて岩壁が崩壊したのだが、そこはちょうどわれわれが登ろうとしていたルートがあるところだった。OBの言うことを聞かずに取り付いていたら、間違いなく死んでいただろう。

それから一年間は日本語学校で勤務を続けたが、もっと体を張った仕事がしたいと思い、なにをやるかと考えたときに思い浮かんだのが救助の仕事だった。

こうしてダメもとで受けた採用試験に合格し、平成十六年八月、二十六歳で長野県警察官を拝命した。だが、警察官になったからといって、救助隊員になれるわけではない。松本署や安曇野署など、山を管轄し山岳救助隊が配属されている警察署への赴任を当初から希望していたが、もちろんそれが通るはずもなく、諏訪署へ配属となった。それでもあまりネガティブなことは考えず、「俺は絶対に救助隊員になるんだ」と思っていた。前の仕事をやめるときに、「警察官になって救助隊員の仕事をやりたい」と言っていたので、その手前、意地もあった。

もっとも、希望がかなわなかったことに多少の落胆はあったものの、警察官の仕事は事件の検挙や捜査、困りごとの相談など多岐にわたっており、そのぶんやり甲斐があったし充実感もあった。なにより、今取り組んでいる仕事で実績なり結果なりをしっかり出せないのでは、希望も通るはずはない。やるべきことは警察官としての仕事にベストを尽くすことであり、それが救助隊員になるという夢につながるものと信じていた。

その後、交番勤務を二年間続け、異動の時期が近づいてきた。このとき私は二十九歳。中途採用だったため、新規採用者と比べるとけっこう歳をくっていた。ずっと「救助隊に入りたい」と言い続けてはいたが、さすがに「もし今回ダメだったらどうしよう」と思わずにはいられなかった。そんな不安な気持ちを見透かすように、ほかの部署からは「そろそろ歳なんだし、いつまでも山にこだわっていたって、入れなかったらどうしようもないだろう。もしダメだったらこっちに来いよ」という引き合いもあった。

だが、その心配も杞憂に終わった。平成十九年四月、機動隊に異動と同時に、念願がかなって山岳救助隊員の指名を受けた。それは当時の上司や同じ大学山岳部出身の先輩隊員らの後押しがあったからで、感謝してもしきれない。ほんとうに人に恵まれていたと思う。

たとえ煙たがられても

初めてのレスキューは、隊員を拝命した年の夏山常駐期間中に起きた。前穂高岳の紀美子平で小学校低学年の女の子が滑落してケガをしたという事例で、ヘリが直接現場に入れなかったため、涸沢から岳沢ヒュッテ跡まで搬送してもらい、そこから歩いて現場へ向かった。幸い女の子のケガは軽傷ですんだが、頭を打っていたし、父親にも動揺が見られた。しかも現場の下にはクサリ場もあった。もしこれが成人だったら「歩いて下りるように」と言っていたかもしれないが、子どもには無理をさせられない。万一なにかあったら大変なので、大事をとって要救助ということにした。天候の悪化によりヘリでの救助はできず、四人の隊員が交代で女の子を背負い、上高地まで下ろしたのだった。

後日、その女の子からお礼の手紙が届いた。そこには、色鉛筆を使ってつたない字でお礼の言葉がつづられていた。それを読んだときの感動は忘れられない。こんな素晴らしい仕事はほかにないと、改めて救助隊の仕事を誇りに思った。

一方で、この仕事ならではの辛さもある。平成二十一年の夏山常駐は、東京での研修が重なり、自分ひとりだけ遅れて入山することになった。上高地から涸沢まで歩いて上がり、「今日は基地でゆっくりしてればいいよ」という先輩隊員の言葉に甘えてのんびり過ごそうと思っていたところ、一時間も経たないうちに遭難事故発生の連絡が入ってきた。そうとなればのんびりしているわけにはいかず、すぐに出動準備にとりかかった。

事故は前穂高岳東壁で岩登りをしていた登山者が落ちたというもので、遭対協の隊員らとヘリコプターで三・四のコルまで行き、そこから歩いて現場へと向かった。しかし、通報があったのが午後だったこと、また途中でルートを間違えて登り返したことなどから、現場に到着したときには夜の八時過ぎになっていた。

その時間から岩場で救助を行なうのは不可能である。幸い、遭難者の容態は比較的落ち着いていたので、「明日の朝イチから救助を行なう」ということになり、われわれは前穂高岳の山頂まで登り返していって、そこで一夜を明かした。前日まで海抜〇メートルの真夏の東京にいたのに、入山初日にいきなり標高三〇〇〇メートル地点でビバークになるとは……。

救助要請はいつ舞い込んでくるかわからないというのは、頭ではわかっているつもりだったが、それでも「こんなはずじゃなかったんだけどなあ」と思わずにはいられなかった。

翌日、夜明けを待って救助を再開。垂直に近い岩壁から遭難者を上に運び上げ、ヘリにピックアップしてもらって一件落着となった。私にとってはとても長く感じた二日間であった。

なりたくてなった救助隊員ではあったが、いくら山が好きだとしても、それが仕事となると、個人でやっていた山登りとはまったく違ってくる。たとえば雷が迫っていて帯電したピッケルがブーンと音を立てているときや、現場で落石がばんばん起きているときなどでも、行かなければいけないときは行かなければならない。実際にそういうことが何回かあり、やっぱりレスキューは厳しいなと痛感した。

また、救助隊員なってからは、今までとは違った目線で、つまり危険箇所や遭難多発地点、ヘリでピックアップできるポイントなどをチェックしながら山を歩くようになった。登山者に対しても、軽装だったり危なっかしそうだったりすると、ひと声かけずにはいられない。「救助隊の者ですけど、気をつけてくださいね」と言えば、たいていの人は「はい、わかりました」と素直に聞いてくれる。

だが、たまに「お前らみたいな若造に言われなくてもわかっているよ」という人もいる。自分も山登りをやっていたので、他人からなにか言われるのが嫌な気持ちは理解できる。ちゃんとやっているという自負がある人ほど、未熟だと思われることに対する反感は強い。とくに警察官に対してあまりよくない感情を持っている人が少なくないということは、自分たちもよくわかっている。だからたとえ煙たがられても、ひとこと声をかけて注意喚起を促すことで、少しでも遭難事故が減ればそれでいいと思う。

もうひとつ、学生のときと今とを比べてみて大きく違っているのは、山小屋に泊まるようになったことだ。学生時代は、山に行っても山小屋に泊まることなどまず考えられなかった。それが今ではふつうに山小屋に泊まっているのだから、ちょっと不思議な気がする。それに伴い、山小屋や遭対協の人たちとの人間関係も広がっていった。救助を行なううえで、彼らの協力は必要不可欠であり、教えられることもたくさんある。

平成二十二年八月中旬、唐松岳の不帰ノ嶮で二十九歳の女性登山者が信州側に一〇〇メートル以上滑落して亡くなるという事故が起きた。このときは唐松岳頂上山荘の支配人・中川恵市さんがすぐに現場へ駆けつけてくれたのだが、現場の条件も天候も悪く、回収は後日行なうことになった。数日後、天候が回復して現場に行ってみると、そこは落石の通り道になっているような非常に危険度の高い場所であった。なのに遺体は落石による損傷を受けず、きれいな状態のままそこにあった。中

不帰ノ嶮で滑落した遭難者をヘリコプターで収容する

川さんが落石の当たらない場所まで遺体を搬送したうえ、周囲を石積みで囲っておいてくれたのである。

それを見て感じたのは、中川さんの遭難者に対する思いだ。われわれはひと夏にいくつもの遺体を扱うので、どうしても慣れで感覚が麻痺してくる部分が出てきてしまう。だが、中川さんは危険な状況のなかでも遭難者に対して真摯に向き合っている。彼のとった行動は、われわれに「初心を忘れるな」と教えてくれたような気がする。

事故が多発する現実に目を向けて

同じく平成二十二年の夏、天気の悪い日にパトロールで岳沢から奥穂高岳へ向かっていたときに、吊尾根の途中で反対方向からやってくる六十~七十歳代の男性三人パーティに遭遇した。そのなかでいちばん高齢の人は空身で、二〇メートルほどのロープで確保されながらよたよたと雨のなかを歩いていた。確保していた人も、高齢者が滑落したら止められずにいっしょに滑落してしまいそうなぐらい、危なっかしく見えた。もうひとりの人が高齢者の荷物を持っているのだろう、背中とお腹にひとつずつザックをかけていた。

時間はもう午後三時を回っている。悪天候のもと、このペースでは、日没までには絶対下までたどり着けそうになかった。まだ穂高岳山荘にもどったほうが近いので、「山岳救助隊の者ですけど、どうかしましたか」と声をかけてみた。

話を聞いてみると、高齢の人が足を滑らせて負傷してしまったのだという。

「時間的に今から下っていくのは無理なので、引き返しましょう」

「いやいや、とんでもない。今下ってきたところを登り返すなんて考えられない」

最初のうちは、なんとか考え直してもらおうと根気強く説得していたが、頑固にも「いや、下りる」の一点張りで、聞く耳を持たない。

「あなた方は、もうこの時点で半分遭難しているんですよ。このまま下っていったら、ほんとうに死んじゃいますよ。私たちもこれから山荘に行くので、いっしょに行きましょう。ちゃんと確保もしますから」

業を煮やしてそう言うと、突如手のひらを返したような言葉が返ってきた。

「そうか、俺たちは遭難しているのか。よし、じゃあそうしよう。救助要請をしよう」

「救助要請をするんですか」

「じゃあそれでいいわな。ほなよろしくお願いします」

私はあまり登山者に口うるさく言うほうではないのだが、あまりの無責任さに呆れてしまい、しっかりお灸を据えておいた。

「そういう安易な考えで人に頼っていると、また同じことを繰り返しますよ。自分で歩かなければ死んじゃうんだから、ちゃんと歩いてください」

無事、山荘にたどり着いたのち、よくよく話を聞いてみると、この日は涸沢から穂高岳山荘までの予定だったが、山荘に着いてルート図を見たら、なんとなく上高地まで行けそうだったので出発することにしたとのことだった。「それはもう最初の段階から遭難が始まっています」と言っておいたが、果たして本人たちは理解しているのかどうか。

かと思うと、救助要請をしてヘリで運ばれていく途中、下に見えた山小屋を指差して「仲間があの小屋にいるんで、ちょっと下ろしてください」と言った遭難者もいたという。遭難者のタイプも十人十色である。

近年あとを絶たないのは、同じパーティなのに、行動中に分裂してしまうというケースだ。パーティ内で遅れる人が出るというのはよくある話だが、そうなったときには、ふつうだったら先に行かないで、遅れている人を途中で待つと思う。なのに待たないで先に行ってしまうのだ。その日の行程が横尾から穂高岳山荘までだとしたら、先行している人は涸沢で待っていればいいのに、待たずに穂高岳山荘にまで登っていってしまう。ところが夕方になっても遅れている人が到着しないので、なにかあったのではないかと慌てて救助隊に連絡してくるのだが、調べてみると「途中でバテてしまったから」と行動を打ち切って涸沢に泊まっていたりする。そういうお粗末なケースがかなり多い。

ところで近年は若者の間で登山がブームになっているといわれているが、実際、山に入っていると、若い人が増えたなあと実感する。とくに平成二十二年は急増したという印象があり、涸沢でも山ガールや、子連れの若い夫婦が目立った。

山に若い人がたくさん来るのはいいことだが、その反面、遭難事故も増えやしないかと危惧している。格好から入る人も多いのだろう、ウエアや装備はいいものを持っているが、彼らには知識と経験がない。たとえば涸沢から下山するときに地図を広げるのはいいのだが、標高差を見ずに単に距離だけを見て「前穂高岳経由で上高地に下りたほうが早いですよね」などと聞いてくる。「いや、ここまで来た道（横尾経由のコース）とは全然違いますよ」と言って詳しく説明すると、「じゃあやめておきます」という人がけっこういる。

パトロールで穂高岳山荘に上がっていたときは、午後三時ごろになって悪天候のなかを岳沢に下りようとしていた若い単独行の人が何人かいて、慌ててストップをかけた。やはり地図上の距離だけを見て、すぐに下りられるものと思ってしまうようだ。おまけにほとんどの人は、上高地から横尾経由で上がってきているので、ちょっと歩けば山小屋があるものと思い込んでいて、万一のときにはそこに泊まればいいと思っている。中高年登山者とは違って、なまじ体力があって歩けてしまうだけに、よけいに危なっかしい。これからは若い登山者に対しての啓蒙活動も行なっていかなければならないだろう。

また、最近は今の若者の気質を映すような事例もあった。インターネットを通して意気投合した若い山スキーヤー同士が、涸沢で待ち合わせをしていっしょに滑ろうという話になったのだが、約束の日時に一方が現われず、救助隊に泣きついてきたのである。

途中で事故を起こしている可能性もあるので、われわれとしてはいちおう安否を確認する必要があり、「わかりました。で、その方のお名前は?」と聞いたのだが、わかっているのはハンドルネームのみ。顔も本名も連絡先も、なにひとつわからないのだ。ただ、行方不明者はひと足先に入山しているということだったので、泊まっていそうな山小屋に片っ端から電話を入れていったら、ようやく該当者が見つかった。「あとは当事者同士で話してください」ということで騒動は収束したが、一度も面識のない人と山に行こうとする感覚は、私にはわからない。

本来、山登りというのは楽しい遊びである。なのに事故が起こると、それが一瞬で台無しになってしまう。まして死亡事故となれば、遺族やいっしょに山に行っていた仲間は、一生重い十字架を負うことになる。われわれは、そういう悲惨な結末をこれまでにたくさん見てきている。もちろん、誰も遭難したくてしているわけではないが、実際には毎年こんなにたくさんの事故が起きているのだ。

私も山が好きだし、警察官になる前には遭難事故も経験している。登山者の気持ち、遭難者の気持ちはよくわかるつもりである。だからこそ、山に来る人には遭難事故を起こさずに楽しく安全に山を楽しんで帰ってほしいと思う。

人は、楽しいさなかにいるときは、最悪のことを考えたりはしないものだ。だが、今あなたが素晴らしい景観や美しいお花畑を楽しんでいるところでは、過去に多くの人が遭難して命を落としているのかもしれない。その数だけ十字架を立てたとしたら、多くの十字架が林立するところだってあるだろう。そういう現実も見てほしい。

われわれは、あくまでも事故が起きたあとに現場に行って事後処理をするだけだ。山に登る本人が気をつけないかぎり、事故は絶対になくならない。

山では命を落としてもらいたくない。それがわれわれの願いである。

山での悲劇をひとつでも少なく

石岡優士（松本警察署　一九七八年、奈良県出身）

警察官を志望したのは、体を動かす仕事がしたかったからだ。どうせ警察官になるんだったら、大学時代に何度か県内の山に登ったことのある長野県の警察官になろうと思った。もちろん、長野県警には山岳遭難救助隊があることは知っていた。テレビで山岳救助隊の活動を取り上げた番組を見たときには、単純に「格好いいな」と感じ、「救助隊員になれたらいいな」という思いが徐々に膨らんでいった。

大学卒業後、夢がかなって長野県警の警察官になり、「救助隊をやりたい」という希望を出していたら、平成十八年、機動隊への異動と同時に救助隊員を拝命することになった。機動隊で三年間の任務に就いたのち、平成二十一年四月からは松本署の配属となっている。

大学時代に山をかじっていたときは、遭難事故のニュースなどを見ると、「どうして遭難してしまうんだろう」と不思議に感じていたものだった。当時の私の頭のなかには、「遭難」という言葉はまったく存在していなかった。遭難事故はしょせん他人事であり、自分が遭難するなんてことは考えもしなかった。今、同じような感覚でいる登山者は、かなり多いものと思う。

考え方が変わったのは、やはり救助隊員になってからだ。遭難事故は決して他人事ではなく、いつ自分に降りかかってきてもおかしくはない。せっかくの楽しい登山が一瞬にして悲劇に変わってしまう事例をいくつも目の当たりにしてきて、ようやくそう思えるようになった。

近年、〝山ガール〟を筆頭として、山に登る若者が増えてきているが、それでも遭難者のほとんどを占めているのは中高年登山者である。彼らは、現在の自分の体力を把握しておらず、若かりしころの体力があるものと思い込んでいるため、今の自分の体力に見合わない無理な計画を立ててしまう。悪天候のなかで登山を強行する人、「昔はよく通ったから」といって涸沢まで運動靴で登ってきてしまう人、メンバーの体力を把握せず自分の基準で計画を立ててしまう人、計画に予備日を設けていない人など、いずれも自分の体力を過信している遭難者予備軍といっていい。

下りで転んでしまうのは、疲れが足にきているからだ。だったら一日で登って下りるのではなく、上の小屋で一泊するという計画を立てればいい。天気が悪かったら、無理して登らずにまた来ればいいのではないかと思う。「せっかく来たのだから登りたい」という気持ちもわからないではないが、すんなり登れる山よりも、何度かトライしてようやく登れた山のほうが、達成感もひとしおだろう。

また、「高価なブランドの装備を持っているから安心」と信じ込んでいる登山者が少なくないのも、中高年登山者によく見られる傾向だ。「いい靴を履いているね」「いい服を着ているね」といった会話を聞くと、ほんとうに大丈夫なのかなあと心配になってきてしまう。たしかに装備は大事だし、いい装備を持つことは決して悪いことではない。しかし、装備に頼り切ってしまうのは怖いことだし、せっかくの素晴らしい装備をちゃんと使いこなせないのであれば、持っている意味がない。それよりも、もっと大事なことがほかにあるはずだ。

おまけに、今の多くの登山者が「遭難事故は他人事」と思っているから、万一、自分が遭難してしまった場合のことをまったく想定していない。せいぜい「いざとなればヘリコプターで救助してくれるから大丈夫」といった程度の認識である。だから「なんでこんな些細なことで救助を要請してくるんだろう」と思ったことは何度もある。せめて遭難事故を自分にも起こり得ることとしてとらえ、その対応策まで考えるようになってくれたなら、事故もずいぶん減るのではないかと思うのだが。

とはいえ、登山者の命を助けるのがわれわれの仕事であり、そのこと自体には非常にやり甲斐を感じている。遭難者を生きて助けることができれば感無量だし、たとえ遭難者が亡くなっていたとしても、遺族のもとに返してあげることができるのであれば、それで任務を果たせたと思う。

その根底には、自分たちじゃなければできない仕事だという自負と誇りがある。だからこそ、現場では適切な判断を下し、最善の方法で救助が行なえる隊員でありたいと、常々思っている。そして山での悲劇を少しでも減らし、助けられる命をひとつでも多く救いたい。それが救助隊員としての私の願いである。

山のルールや常識が通用しない登山者たち

村上春満（駒ヶ根警察署　一九七九年、愛知県出身）

「憧れ」を「使命」に変えた先輩の死

愛知県で生まれ育った私が、長野県警山岳遭難救助隊に憧れて警察官を拝命したのは、平成十三年四月のことである。

そもそも山をはじめたのは、高校に入学したのを機に「なにか新しいことをしてみよう」と思ったのがきっかけだった。その〝新しいこと〟として選んだのが登山であり、高校の三年間を山岳部で過ごし、大学に進学してからもワンダーフォーゲル部に所属して山登りを続けていた。

そんなときに出会ったのが、長野県警山岳遭難救助隊の活躍を描いた『ザイルをかついだお巡りさん』（山と溪谷社）という本だった。この本を通して山岳遭難救助という仕事のことを初めて知り、「こんなすごい仕事もあるんだなあ」と感じたことを今でも覚えている。

　大学二年になり、将来の進路について悩みはじめていた私は、大学を中退することを真剣に考えていた。そのときに『ザイルをかついだお巡りさん』のことを思い出し、遭難救助の仕事のことが頭から離れなくなった。思い切って大学を中退し、長野県警の採用試験を受けたのは、「山岳救助隊って格好いい」「好きな山の仕事がしたい」という思いがなにものにも勝ったからだ。

　ただ、恥ずかしい話であるが、できの悪い私は三度も長野県警の試験を受けることになった。三度目の正直でやっと合格でき、晴れて長野県の警察官を拝命したのだった。

　だが、採用が決まり、四月から警察学校に入校することになっていた年の正月に、私にとって一生忘れられない事件が起こった。当時、私は社会人山岳会に所属しており、その年末年始は正月合宿で後立山連峰に入山していた。ところが、悪天候によりメンバー五人のうち三人が軽い凍傷になってしまったため、予定を変更して下山し、正月は自宅でおとなしく過ごしていた。その正月中、母親と買い物に出かけたときに、店先のテレビに山岳遭難事故のニュースが流れたのが目に入った。

「悪天候なのに、無理してしまったのかなあ」

あまり気にもとめずにぼんやりそう思っていると、突然、母親がこう尋ねてきた。

「この遭難した人、あんたの先輩じゃないの」

その言葉にびっくりして画面を見てみると、たしかに剱岳での遭難者のひとりは大学時代のワンダーフォーゲル部の先輩と同じ名前だった。慌ててほかの先輩に連絡をとってみたところ、遭難者は間違いなく私の先輩だった。その先輩のことはよく知っていたし、いろいろ面倒を見てもらったこともあった。報道によると、悪天候のため登山を諦め、下山しているときに雪崩に遭ったとのことであった。

遭難者の捜索・救助活動は、天候の回復を待って数日後に行なわれたが、残念ながら先輩は還らぬ人となっていた。捜索のため現地を訪れていた私は、地元の警察署で先輩の亡骸《なきがら》と対面した。その表情はとても安らかで、まるで眠っているかのように見えた。

そのときまで私は、単なる山岳救助隊員への憧れだけで長野県警の警察官になろうとしていた。しかし、この事故以来、山で仲間を失って辛い思いをする人を、ひとりでも減らしたいと強く思うようになった。その思いは今でも変わらない。そして今も救助隊員として遭難者の救助に携わっていられることを、ほんとうにありがたいと感じている。

思い出の救助活動

警察官になって二年目の平成十四年の夏のある日、豊科署の管轄内の交番に勤務していた私は、上司からの指示を受けて、二泊三日で上高地臨時派出所の勤務に当たることになった。ここでの主な任務は、夏山シーズン中に多発する落とし物の処理や地理案内などである。このとき私はまだ警察学校を出たばかりで、救助隊員には指名されていなかったが、四年ぶりに訪れる上高地に内心わくわくしていた。

その上高地勤務の二日目、二人の男性登山者が派出所にやってきて、われわれにこう告げた。

「蝶ヶ岳から下山してくるときに道に迷ってしまい、沢沿いを下りてきたんですが、その途中で男性がひとり亡くなっていました」

死亡者の身元を確認するため、二人は男性の荷物を調べてみたそうだが、身元がわかる免許証などは見つからなかったという。

届を受けて、本署の山岳救助隊員の上司に連絡を入れたところ、「現場へ行って、亡くなっていた人の名前を調べてきてくれ」と言われた。そこで通報者の二人に「私たちといっしょにもう一度、現場に行ってくれませんか」とお願いしてみたが、「疲労困憊しているから無理」と断られてしまった。

仕方なく、できるだけ詳しく場所を聞き出し、相勤者と二人で現場へ向かった。徳沢から一般ルートを外れて沢に入り、一時間ほど登っていくと、通報どおり沢の脇で男性が仰向けの状態で亡くなっていた。遺体のそばにあったザックを調べてみたところ、すぐに免許証が見つかった。

救助隊員でもないわれわれ二人が遺体を担ぎ下ろすことはとてもできないので、翌朝、救助隊員とともに出直すことになり、その日は上高地にもどった。翌日、態勢を整えて現場に向かい、ヘリでの遺体収容作業を行なった。なにもわからない私は、まわりに指示されるまま、ヘリでの吊り上げの邪魔になりそうな周囲の木の枝を切り落としていただけであったが、今でも忘れられない初出動となっている。ちなみに私が救助隊員に任命されたのは、翌平成十五年四月のことであった。

あとで知ったことであるが、このときのレスキューは、現在の県警ヘリ、二代目

「やまびこ」にとっても初出動だったという。私と「やまびこ」の初出動が同じ日になったことを、ひとり嬉しく思ったのだった。

この初出動から四年後の平成十八年の冬、私が勤務していた大町署管内の白馬村交番に、ガイド登山の一行四人が唐松岳の山頂付近でルートを失って救助要請をしているという連絡が飛び込んできた。隊員になって三年目が終わろうとしていた三月のことである。

要請を受けてただちに県警ヘリが捜索に当たったが、天気が悪く発見には至らず。翌日は悪天候でヘリが飛べなかったため、私と片桐係長の県警救助隊員二人と、民間の遭対協隊員二人の計四人が、地上から救助に向かった。しかし、吹雪に阻まれ救助は難航、八方尾根の「下ノ樺」まで行ったところで時間切れとなり、ここで幕営をすることになった。

このシーズンは前年十二月に記録的な大雪が降ったため、山の雪も例年より多かった。みんなで手分けして積雪を一メートルほど掘り下げてテントを張り、さらにそのまわりにはブロック状の雪の塊を積み上げ、完璧と言えるくらいにしっかり態勢を整えた。そのできばえに、「これなら今晩は快適に休めるぞ」と誰もが思っていた。

四人でひとつのテントの中に入り、簡単な食事をとったのち、翌日の早朝からの救助活動に備えてその日は早く休むことにした。

風が強くなってきたのは、夜の七時か八時ぐらいのことだっただろうか。シュラフの中に入って眠りに落ちていた私は、テントが風にはためくバタバタという音と、テントの側面の生地が顔に当たる感触で目を覚ました。

最初のうちは「風が強くなってきたな」ぐらいにしか思っていなかったが、次第に風が強まるにつれ、「大丈夫だろうか」とだんだん不安になってきた。八方尾根の冬の強風についてはさんざん話を聞かされており、風に叩かれ続けた先輩隊員の耳が凍傷になって膨れ上がってしまったことも過去にはあったという。

それでも今はテントの中だし、あれだけしっかり雪のブロックを積み上げたのだから、などと思っていたときに、いっそう強い風が吹きつけてきたかと思うと、急にテントの天井が低くなった。なにが起こったのかわからず、テントにさわってみると、風上側のテントポールが二本折れてしまっていた。さらにその後、急にテント内が明るくなった。冬用の外張りが、強風で飛ばされてしまったようだった。

さすがに私はあせってしまい、「どうしよう」と思っていたところに、片桐係長から指示が出された。

「いつでも外に出られるよう、靴を履いておけ。ほんとうにヤバい状況になったら、南側の斜面に飛び出して雪洞を掘ろう」

その指示に従い、私たちはいつでも外に出られる格好になって、テントの中で待機していた。待機中、片桐係長は大町署の副署長に連絡をとって状況を報告した。その会話のなかで、係長が「今回はちょっとマズいかもしれません」と言っていたのを聞き、「やっぱりこの状況はマズいんだ」と、なおさら不安になってしまった。

もはや寝るどころの話ではなく、一睡もできないまま朝を迎えた。明るくなるころには、風もだいぶおさまってきた。外に出てみると、ポールが折れた私たちのテントは昨日の三分の一程度の大きさになっており、外張りもボロボロに裂けていた。強風でテントのポールが折れたというのは、これが最初で最後の経験である。

結局、この日は天候が回復し、東邦航空のヘリが飛んで遭難者を発見・救助した。四人のうち客の三人は生存していたが、三人を懸命にフォローしていたガイドは残念ながら低体温症で亡くなってしまった。東邦航空のヘリが飛んだ時点で私たちはお役御免となり、疲れ果てた体を引きずるようにして下山にとりかかったのだった。

今、振り返っても、このときほど自然の恐ろしさを思い知らされたことはない。

また、そんな状況のなかで、冷静な判断と指示をした片桐係長には頭が下がった。

私もいつかそういう隊員になりたいと思った、印象深い事案であった。

近年の遭難事情

山岳救助隊員として仕事をしていると、山でいろいろな人と出会う機会も多いのだが、中高年登山者の多さは相変わらずだ。

歳をとっても元気に趣味を満喫している姿には羨ましさを感じるが、一方で「若い人はどこでなにをしているのかなあ」とも思ってしまう。私が学生だった十年ほど前は、山にもう少し若い人がいた気がするのだが……。

最近は若い人の間で山登りがブームになっているそうで、山ガールという言葉もよく耳にする。しかし、駒ヶ根署が管轄する中央アルプスでは、山ガールを見かけることなどほとんどなく、若い人が増えているという実感もあまりない。今、ブームといわれているものは、北アルプスの涸沢や富士山など、かぎられたエリアでの現象なのかもしれない。

中高年登山者が多いから、というわけではないのだろうが、理解に苦しむ登山者もけっこう多い。最近あったのは、木曽駒ヶ岳に登った六十歳代の単独行の男性が、「道に迷ったので道を教えてほしい」と電話をかけてきたケースだ。応対した私が「まわりになにか目印になるようなものがありますか」と尋ねたら、「小屋場という標識がある」という。

「いや、そこは一般ルート上で、地図にも載っている場所です。なにがわからないんですか」

「ロープウェーのほうに下りたかったんだけど、いくら下っても着かないんです」

「そりゃあ伊那前岳を越えてだいぶ下っていますから。どうしたってロープウェーには着きませんよ」

その登山者は、どのルートであれ最終的に下山できればいいという話だったので、「そのまま登山道を下ればバス停に出られますよ」と言って電話を切った。なんともお粗末な話である。

数年前の夏には、やはり木曽駒ヶ岳でツアー登山の参加者が行方不明になるという騒動があった。一行は宝剣山荘に宿泊し、翌日、木曽駒ヶ岳に登って千畳敷に下りるという行程で入山してきた。ところが、宝剣山荘を出発するときに点呼を取ってみたら、参加者のひとりが見当たらなくなっていた。にもかかわらず一行は木曽駒ヶ岳に登り、千畳敷まで下りてきてようやく「お客さんがひとりいなくなった」と警察に届け出たのである。

連絡を受けた私は、「お客さんは下山させてかまわないけど、添乗員の方は千畳敷ホテルで待っていてください」と言って千畳敷へ上がっていったのだが、いるはずの添乗員がいなくなっている。なんと勝手に下に下りてしまい、ツアー客とともにバスで帰路につこうとしていたのだ。それがわかったときには、空いた口が塞がらなかった。とにかく詳しい話を聞かないことには捜索のしようがないので、パトカーを手配してバスを途中で停めさせ、バスの中で添乗員に事情聴取を行なった。

結局、行方不明になったツアー参加者は、ひとりで木曽側に下山してしまっていた。なんでも出発時間の十分ほど前に小屋の外に出たところ、集団で歩いていく登山者が目に入り、それを自分たちのツアーのグループだと勘違いして追いかけていってしまったそうだ。ところが、視界不良のため、そのグループを途中で見失ってしまい、捜しながらうろうろしているうちに、気がついたら木曽側に下山していたという。

それにしても、行方不明になったお客を見捨てていくとは、ひどいツアー登山があったものである。ひと昔前と比べ、最近はツアー登山の実態もだいぶよくなってきたなと思っていたのだが、どうも考えを改めたほうがいいのかもしれない。

そのほかにも、いい大人の登山者が涸沢で迷子になったり、パーティとして機能しない単独行者の寄せ集めのようなパーティがあったりと、思わず呆れてしまうような事案が最近は増えているような気がする。

登山のルールや常識が通用しなくなっているのは、やはりどこかおかしいと思う。そういうところから改めていかないと、遭難事故は絶対に減ってはいかないだろう。

今、街では振り込め詐欺や車上狙いなどが多発していて、そうした犯罪に巻き込まれないように気をつけなければいけないということは、誰もが理解している。それでも被害者があとを絶たないのは、心のどこかで「自分には関係ない」と思っている人が少なくないからだろう。山も同じだ。登山者の多くは、「山は危ない」という認識を持ちながら、どこかで「自分は大丈夫」と思ってしまっているような印象を受ける。だから事故に遭ってしまったときには、「まさか自分が」ということになる。

私は山が好きでこの仕事を始めたので、山が好きな人たちにはどんどん山に来て楽しんでもらいたいと思っている。ただし、そこにある危険を人ごととしてではなく自分のこととして考えて、それに対応できるだけの体力や技術を備えてほしい。

すべての登山者への、一救助隊員からの願いである。

客観的な視点を持った山登りを

柄澤良一（安曇野警察署　一九六〇年、長野県出身）

自己チューな登山者たち

「ヘリは見えますか？」

「はい、右側に見えます。ここです、ここ……」

パイロットと遭難者の携帯電話による会話が、インカム（機内通話装置）を通じて聞こえてくる。遭難現場上空で、何度このような会話を耳にしたことだろう。

携帯電話の普及と通話エリアの拡大により、多くの登山者が携帯電話を持って山に登るようになった。非常時などは即座に救助要請ができるうえ、樹林帯など視認性の悪い場所を広範囲に捜索しなければならないときなどは、ポイントを絞る有効な通信手段であることから、現在では登山者の必須アイテムとなっている。

しかし、その手軽さゆえの安易な救助要請が、遭難発生件数の増加を招く一因になっているといっても過言ではない。

事実、私が県警航空隊救助係として勤務した七年の間には、「昔だったらこの程度のケガでは救助要請しなかったのに」「昔の登山者だったら自力で下山していただろうな」と感じられるような事案が何件もあった。救助を要請した者に対し、「怒り」や「憤り」を感じてはいけないことは充分承知しているが、そうは言ってもなかには目に余るような救助要請も現実にある。たとえば平成十八年七月某日、「転倒した際に手のひらを切った」と、船窪岳を単独登山中の男性から一一〇番による救助要請を受けた事案は、「憤り」を通り越し「虚しさ」すら感じた最たるものであった。

あたかもその日は遭難事故が続発し、県警ヘリ、防災ヘリともに早朝から出ずっぱりで、ただちに男性の救助に向かうことはできない状態だった。そこで一一〇番受理者が「急を要する状態であるのなら、民間ヘリを向かわせるが……」と伝えたところ、「民間ヘリは金がかかるから、県警ヘリにしてくれ。県警ヘリが来るまで待つ」と言われ、その警察官もまた言葉をなくしたという。

重傷者の救助を優先させながら、休む間もなくひとつひとつ現場を片づけていった航空隊に、男性救出のための出動命令が下ったのは日没間際のことであった。その男性からは、われわれがほかの救助を行なっている間にも、「血が止まらないから、早く来てくれ」と何度も電話が入っていた。

しかし、大出血による容体の急変を案じて出動したわれわれが現場上空から目にしたものは、救助要請者と思しき男性が、ヘリコプターに向かって「ここだ」と言わんばかりに稜線上で大きく両手を振っている姿だった。現場はここで間違いないはずだが、出血が止まらない人があんなにも大きく手を振れるものなのだろうか。そういぶかしく思ったが、周囲にはほかに誰もおらず、確認してみるとやはりそれが救助要請者であった。

救助用ワイヤーで現場へ降下し、手のひらの傷をチェックしたところ、出血はすでに止まっていた。それが大出血に至るほどの傷でないことは、医師でもない私にでさえすぐにわかった。救助後、「病院で手当を受けたら、診断書を持って管轄の警察署へ行くように」と言ってそのときは帰宅させたが、男性は警察署に顔を出さず、数日後、警察署から呼び出しを受けて初めて出頭してきたという。

しかも、この男性には後日談がある。それから一カ月も経たない八月のある日、今度は某山の某所で幕営中、テント内で熱湯をこぼして火傷を負い、一一九番通報をして救助されたのである。あとで消防防災航空隊の救助係に「歩けないほどの火傷だったのですか」と尋ねてみたところ、救助隊員は苦笑いしながら首を横に振った。立て続けに一一〇番に救助要請するのはまずいと思い、一一九番に電話をしたのだろう。

山岳救助隊の仕事に長年就いているが、これほど理不尽で身勝手な救助要請者にはお目にかかったことはない。また、二度とお目にかかりたくないものだ。

今、街ではあたかもタクシー代わりのように救急車を要請する者が増え、ほんとうに重篤な患者からの要請に対応できないという事態が発生して大きな社会問題になっていると聞く。

山岳遭難におけるヘリコプターはまさに「空飛ぶ救急車」なのだが、消防の救急車と決定的に違うのは、配備されている機体数が少ないうえ、一定時間飛行すると定期点検を行なわなければならないため、その間は飛行できなくなるという点だ。たとえば長野県警察ヘリAS三六五N三の場合、二十五時間飛行するごとに約一日、一〇〇時間目の点検は約一週間、六〇〇時間目には二カ月近い点検時間を要する。

トータルすると年間約三カ月ほどの整備期間が必要となり、その間は遭難事故が起きても県警ヘリでの対応ができなくなるわけだ。恥ずかしながら、救助隊員である私ですら、航空隊に勤務するまで、ヘリコプターが一定時間の飛行ごとに点検が義務づけられていることを知らなかった。

警察・消防の航空隊ともに、過去に発生した遭難事故の統計をもとに、登山の最盛期に点検が入らないよう計画を立ててヘリコプターを運航しているが、先のような安易な救助要請が頻繁に入ると点検時期がずれ、肝心なときに飛行できないという事態が発生してしまう。

また、遭難場所がある程度特定されている場合には短時間で救助が完了するが、道迷いなどで行方不明になった人を捜し出すとなると、いかに機動力に優れたヘリコプターといえども、捜索しているうちにあっという間に数時間を費やしてしまうことになる。

冒頭に、遭難者とパイロットとの会話を記したが、「はい、右側に見えます。ここです、ここ……」と言われても、遭難者がどの方向を向いているのかがわからなければ、ヘリコプターに乗っているわれわれからすれば、三六〇度すべてが右方向になってしまい、捜しようがない。有効な通信手段である携帯電話を持ちながら、遭難者の多くは、ヘリコプターから自分がどの位置に見えるかではなく、自分からヘリコプターがどう見えるかを説明してしまう。こうした「自己中心型誘導」は、飛行時間をますます長引かせることになってしまうので、ヘリコプターに居場所を知らせるときは、ぜひともヘリからの目線になって「客観的」に表現していただきたいと思う。

ヘリコプターの誘導にかぎった話ではなく、最近は「自己中心の考え方」をする登山者が増えているような気がしてならない。

歩くのが遅い仲間のペースに合わせようとせず、「そのうち来るだろう」と先行した結果、「仲間が行方不明になった」と騒ぐパーティ。自分の年齢や体力を過信して登山計画を立て、結局、山小屋までたどり着けない高齢者。「最近は発作も出ないし、薬を持っているから大丈夫だろう」と、医師に無断で登山をする持病持ちの者。悪天候だというのに、「せっかくここまで来たんだから」と計画を強行する登山者。「日帰りだから」と雨具やヘッドランプを持たずに山に出かけ、日没を過ぎても帰宅しない者……。

とにかく数え上げればキリがない。「恋は盲目」という諺があるが、山に恋した登山者には、まさに「自分自身の姿」が見えていないのかもしれない。

趣味で山に登っている以上、たしかに「自分が楽しむこと」は重要な要素のひとつであるとは思うが、万一遭難してしまったときに悲しむ者、心配する者がたくさんいることを思い浮かべれば、自分勝手な行動や自己中心的な考え方はできないものである。

登山者の皆さんには、常に「客観的」に自分自身を見るようにしていただきたい。そうすれば、悲惨な遭難事故も減るのではないかと思う。

「やまびこ」との出会い

昭和五十四年四月、私は高校卒業後すぐに長野県警察官を拝命し、警察学校で一年間の教育期間を経たのち、昭和五十五年四月に松本署駅前交番に配属され、警察官としての第一歩を踏み出した。

この年、長野県警察本部では〝ある部署〟の開設準備が着々と進められていた。その部署こそが、犯罪の広域化・スピード化に対応すべく、ヘリコプターを使って空の上から長野県を守る「警察航空隊」であった。私と航空隊は、まさに警察人生の第一歩を共に踏み出したとも言えるわけで、のちにその航空隊に配属されることになるとは、このとき想像もしていなかった。

待望のヘリコプターが長野県警にやってきたのは、昭和五十六年のことである。配備されたのはアメリカ製のベル二一二型。十三人乗りの中型機としては、その当時の最高速度を誇る高速ヘリであった。

警察のヘリコプターにはそれぞれニックネームが付けられており、長野県警に導入されたヘリコプターには「山国信州を空の上から守るヘリコプター」であること、そして「飛んでいったら必ず帰ってくるように」との願いを込め、「やまびこ」と名づけられた。この初代「やまびこ」は平成十四年に現役を退き、現在は長野県小諸市にある「懐古園」という公園に展示され、静かな余生を送っている。

私が「やまびこ」を初めて間近で見たのは、昭和五十七年のことだった。当時は航空隊員の人数が少なく、当直勤務員の確保が困難な状態だったため、夜間の当直勤務は松本署員が交替で担当していた。松本署員だった私は三回ほどこの勤務に当たり、そこで「やまびこ」と初対面した。格納庫に駐機する流線型の青い機体を見たとき、思わず「わあ～、格好いいな～」と声に出してしまったことを今でも覚えている。

午後五時十五分から当直勤務が始まり、やがて航空隊員も帰宅し、隊舎に先輩と二人きりになると、時折り吹きつける風に格納庫のシャッターが揺れるたびに「格納庫のほうからなにか音がしましたよ。ちょっと見てきます」と言っては「やまびこ」を見にいっていた。緊張して気が張っていたせいか、それとも何度も格納庫に行って「やまびこ」を眺めていたためか、初めての当直勤務のときは一睡もできなかった。

今、思い返すと、この「やまびこ」との出会いこそが、私が山岳救助隊員として活動を始めるきっかけであったといえるかもしれない。

もともと私が警察官を志したのは刑事になりたかったからだが、その希望はなかなかかなわずにいた。そんなときに上司から「山岳救助をやってみないか」と言われ、初めて警察に「山岳救助隊」という組織があることを知った。昭和五十八年六月のことである。

「登山すらしたことがない自分がなぜ?」という戸惑いと、「刑事になりたい」という強い思いから、上司の勧めに「やります」という快い返事をすることができずにいたところ、私の心内を知ってか知らずか、すかさず上司は「救助隊員になればヘリコプターに乗れるんだがな」と、私に聞こえるような独り言を言った。次の瞬間、私は「はい、やります」と元気よく返事をしていた。

ヘリコプターに乗りたい。そんな不謹慎な動機から、間もなくして私の山岳救助隊人生が始まったのである。

ところが、勇んで救助隊員になってみたものの、いつまで経っても「やまびこ」には乗せてもらえなかった。それどころか、現場にさえ連れていってはくれなかった。今なら、技術的に未熟な自分が救助活動などできないのは当然のことだと理解できるのだが、当時はどうしてなのかわからなかった。また、救助隊員がヘリコプターに乗るということは、山で傷つき苦しんでいる人がいることを意味しているわけだが、まだそのことにも気づいていなかった。そのころの自分を振り返るとただ恥ずかしく、今も深く反省するばかりだ。

時が経って時代は昭和から平成へと移り変わり、ヘリコプター・レスキューにも大きな変化が訪れた。昭和五十六年に導入した「やまびこ」は、スピードこそ速いものの高々度性能が悪く、標高三〇〇〇メートル級の高山での救助活動には決して向いているとはいえなかった。それを補うためというわけではないが、長野県は平成元年に「やまびこ」よりひと回り小型のヘリコプターを購入し、その運航が航空隊に委託されることになった。この県政ヘリは「しんしゅう」と命名され、それまで不可能だった高所での救助活動をこなせるようになったのである。以降、県警によるヘリコプター・レスキューは、「やまびこ」と「しんしゅう」の二機態勢で行なわれることになる。

そして平成十三年、救助隊生活十七年目にして私は夢にまで見た航空隊への異動を命じられ、航空隊の救助係としてようやく「やまびこ」に乗務できることになった。初登庁日、格納庫では新品同様に光り輝いている「やまびこ」が私を出迎えてくれた。

「これからよろしく頼むよ」

そんな思いを込めて機体を撫でたのだが、それから間もない平成十四年三月に「やまびこ」は現役を退き、結局、私がこのヘリで救助活動を行なうことは一度もなく終わった。高々度性能が悪いため、「使えないヘリだ」等のそしりを受けながらも一四七人もの尊い命を救ってきた「やまびこ」に、私は心から「お疲れさまでした」と言って別れを告げたのだった。

さて、初代「やまびこ」の引退に伴い、新たに県警ヘリが導入されることになった。それが二代目「やまびこ」、フランス製のAS三六五N三である。

私が航空隊救助係を担当した七年間、ほとんどの現場へは二代目「やまびこ」に乗って出動していった。今はその任を後輩に譲ったが、今でも「やまびこに乗りたい」という気持ちは強く持っている。だが、救助服を着て乗りたいとは思わない。なぜなら、われわれが救助服を着てヘリコプターに搭乗するということは、すなわち「遭難事故発生」を意味するからだ。警察航空隊の主たる任務は、「上空からのパトロール」である。しかし、現実はそうはいかない。悲しいかな、飛行時間の大半は遭難救助活動に費やされている。

今も長野県では年間一〇〇件以上もの遭難事故が発生し、尊い命が失われ、また多くの人が傷ついている。その現状を、多くの人に知っていただきたい。遭難事故の発生に即応できるよう、長野県警察航空隊には発足当時から「救助係」が配置されているが、この救助係が出動しなくてすむ平穏な日々が来ることを願っている。

あとがき

平成二十二年、長野県内で発生した遭難は二一三件に達し、長野県警察が統計を取りはじめて以来、過去最多を数え、平成二十三年もこの多発傾向に歯止めがかからない。山岳救助隊の必要性はますます大きくなる一方である。

それに伴い、隊員の二重遭難の危険性も増大しつつある。たとえば、近年他県で連続発生した救助活動中のヘリコプター墜落事故の件を見ても、救助活動の主流となっているヘリコプターによる救助がいかに難しく、危険な活動であるかがわかってもらえるだろう。ヘリコプター・レスキューの現場では、空気の密度は薄く、ヘリの浮力を弱らせる。激しい気流はヘリを揺さぶり、湧き上がるガスが視界をさえぎる。岩や樹木が音もなく機体に迫る。そんな厳しい状況のなかでヘリコプター・レスキューは行なわれているのである。

遭難現場への出動には常に危険がつきまとう。隊員の家族も、遭難救助が危険な業務であることは充分承知している。自宅で無事を待ち望む家族の気持ちは、当事者でなければわからないが、内に秘める心労は大変なものであることは察するに余りある。

心配しながら待つ身は、登山者の家族も同じだろう。登山が危険を伴う行為であり、最悪の場合は遭難して死亡する可能性もあるということは、登山をしない人でも承知している。それゆえに身内が山に行くとなれば、その家族が心配するのは当然のことだ。

もし自分が遭難すれば、家族は誰かに救助を求め、搬送先の病院に駆けつけていくことになる。登山者には、この点を肝に銘じて「安全に登山するためにはなにをすればいいのか」よく考えて、準備段階から自己責任を果たしてもらいたい。「自分は大丈夫だろう」と、自己に都合のいい甘い考えは禁物である。

昨年、長野県警察山岳遭難救助隊は、設立五十周年を迎えた。

現役隊員は、先輩隊員の築き上げてきた伝統と実績ある組織に身を置くことを誇りとして、安全かつ迅速に遭難者を救助する決意を新たにした。

遭難救助活動には、民間救助隊の隊員や山小屋関係者、通りがかりの登山者、ロープウェーやリフトの関係者、警察航空隊や消防防災航空隊、長野県に接する隣県警察の警備隊や関係者、救助隊ＯＢ団体の旭山会など、多くの人々の協力や支援があり、人命救助というわれわれの目的が達成できていることに感謝したい。

長野県警察では、遭難救助活動中の殉職事案の発生はないものの、警察への協力団体である民間救助隊は、この五十年間で五人もの方が殉難されている。

経験豊富なベテラン隊員でも、自然環境の厳しい危険な救助現場に身を置けば、一瞬の隙をつかれ、尊い命が奪われてしまうこともある。人命救助のために自らの危険を顧みず、警察に協力をいただいた結果が、取り返しのつかない事態を招いてしまったことを申し訳なく思い、また生命を賭して活動されたことに対し感謝の念に堪えない。

今回、本書をまとめるにあたり、悲惨な遭難が一件でも少なくなることを願いながら、山岳レスキューの最前線で活動している隊員の苦労や危険な体験、悲惨な遭難現場の様子、隊員を送り出す家族の心情、遺体に対面する家族の姿など、普段は口に出せない思いをそれぞれ筆述した。

折りしも遭難が多発し、遭難防止と遭難救助の必要性がますます増大している現状であり、そういう意味で本書はまさに時宜を得た発行となった。

この書がひとりでも多くの登山愛好者やその家族の目にふれ、登山に臨む人たちの布石としていただければ幸いである。

平成二十三年十月

宮﨑茂男（山岳遭難救助隊隊長）

文庫への追記　山岳救助の現状

平出 剛（山岳安全対策課長）

山岳遭難を巡る情勢

一・ここ数年の推移

平成十年以降増加傾向にあった山岳遭難は、平成二十二年には年間二〇〇件を超え、そのわずか三年後の平成二十五年には、警察で統計を開始した昭和二十九年以降最多となる三〇〇件となった。このわずかの期間で一〇〇件弱の増加という状態は、まさに異常とも言える事態である。

その背景には、メディアの百名山番組の影響を受けた団塊の世代が、退職期を迎え登山の機会が増えたことで、六十歳以上の登山者が急増し、今まで見られなかった転倒による骨折や疲労事故など、高年齢層特有の遭難が増加したことが一因ではないかと思われる。

そこで、平成二十二年から急増していた山岳遭難に何とか歯止めをかけようとしていた矢先にある出来事があった。それは「信州型事業仕分け」であった。その対象事業は二つで、一つは「山岳遭難救助活動経費（警察）」、もう一つは「山岳遭難防止対策協会（遭対協）負担金」であった。参加した仕分け人からは、全体の八割以上を占める県外から来た遭難者の救助に、長野県の税金を投入することの現状について質問が相次いだ。特に遭対協負担金については、その費用負担を登山者に求める提案がされるなど、結果は「要改善」の判定がなされた。新聞紙上でも大きく取り上げられて話題となり、全国の登山者の関心を引きつけるとともに、関係者の間ではさまざまな論議となった。

この事業仕分けがきっかけとなり、その後長野県では、山岳遭難対策に関する有識者による検討会や入山税など登山者の費用負担の検討会などが開催され、ある意味で山岳遭難対策の大きな前進につながる結果となった。

そして、長野県は「しあわせ信州創造プラン」のなかで、世界水準の山岳高原観光地づくりを目指すことを方針とし、平成二十六年四月には県の組織改編を行ない、新たに「山岳高原観光課」を設置するとともに、県遭対協事務の「防止対策」をスポーツ課から同課に移管した。警察は、同課と連携して新たな山岳遭難防止対策を県内はもとより全国で展開した。

このような啓発活動を積極的に全国展開するなかで、平成二十六年の遭難件数は、前年から二十八件減少し、多少なりとも手応えを感じているが、まだまだ高止まりの状態であることから、継続的な遭難防止対策の必要性を痛感しているところである。

二・最近の遭難形態の特徴

■遭難者の年齢

登山者全体を見ると、年齢層が高くなるとともに、「山ガール」という言葉に象徴されるように各シーズンを通して若者が徐々に増えてくるなど、登山者の年齢層にも変化が感じられる。

遭難者については、六十歳以上の遭難者が五割近くを占めるなど高齢化するとともに、二十歳以下の若年層の遭難も顕著となりつつある。高齢者の遭難では、「転倒」「滑落」「疲労」「病気」などが多く、登山経験はあるものの、加齢に伴う体力やバランス感覚の低下を自覚しなかったこと（過信）が、間接的な原因となる遭難が目立ってきている。

一方、若者の遭難は、「道迷い」が一時的な原因となる形態が多い。それは、登山経験が少ないものの、経験不足分を体力でカバーしようとして行動してしまい、道に迷っても行けるだろうと思い進んでしまう、引き返そうとしてさらに迷ってしまうなど、最終的には救助要請に至ってしまうケースなどがある。

■バックカントリー

積雪期では、「バックカントリー」に代表されるように、スキー、スノーボードによる遭難が増加傾向にある。その背景には、新雪を求めスキー場ゲレンデから山へ飛び出していく者など、バックカントリーを好む者が増えていること、加えて目指す山域が「誰も滑らない場所」「より奥へ」「より高い所へ」と変わっていることが、遭難の増加の要因となっている。今後、冬山の対策のポイントは、このバックカントリーの遭難をいかに減らしていくかが重要だと痛感している。

■外国人の遭難

バックカントリーの遭難では、遭難者のなかに、最近外国人が増えている。白馬や野沢温泉のスキー場で外国人が多くなり、この外国人が、新雪を求めてスキー場ゲレンデから飛び出し遭難している。この種の事案が発生するたびにメディアは大きく報道するが、言葉の壁なのか国の事情の違いなのか、シーズン中には外国人により同じ場所で同じような遭難が連続的に発生する。

また、夏山を中心に外国人登山者も増えている。北アルプスを中心に、団体、カップルの外国人が目立つようになり、それにともなって、遭難も発生している。遭難が発生した場合に、一番困るのが「言葉」である。何とか通訳か引率のガイドなど日本語を話せる同行者を通じて会話を試みるが、遭難者側が果たしてすべてを理解しているか不安になることがある。また、言葉に行き違いや国の事情の違いが、大使館を巻き込んだ騒ぎに発展してしまうこともある。過去にはちょっとした言葉の行き違いが遭難者の家族の誤解を招き、警察署に大使館員が押しかけてきて救助方法について説明を求める事案があったが、その国の事情に詳しい山岳関係者に説明を頼み理解を得たこともあった。

いずれにしても、遭難の形態が変わっていくなかで、救助活動と遭難防止に取り組むわれわれは、その時どきの情勢に敏感に反応していくことが求められる。

救助活動

一・山岳遭難救助隊員の現状

山岳遭難救助隊は、平成二十七年四月現在、隊長以下三十五名の体制で構成され、うち十九人の隊員は、普段は警察署の地域課、交番、パトカー乗務など、山の救助とは別の仕事に就いている警察官である。

だが、ひとたび山岳遭難が発生すると、制服を救助隊の服に着替えて現場へ向かう。またその日が休日であろうと、呼び出しを受け、時には、久しぶりに実家へ帰省していても呼び戻されることもある。このような厳しい環境に置かれた隊員の処遇を少しでも改善するとともに、救助に万全を期すために、遭難が発生した場合に警察本部所属の救助隊員の応援体制を充実させることが必要不可欠となった。

そこで、警察署への応援ができる救助隊員の体制を強化するために、後述する山岳安全対策課が新設されたのである。

二・ヘリコプターの救助活動

山岳遭難救助活動に欠くことができない警察ヘリコプターについては、平成十四年に「やまびこ一号」、平成二十五年には「やまびこ二号」が、いずれも三〇〇〇メートル級の山でも救助能力の高い機種で配備されており、山岳遭難救助隊と一体となった活動で、迅速な救助活動を行なっている。特に対象山域が広い長野県では、欠くことができない。なお、平成元年に配備された県政ヘリ「しんしゅう」は、五〇八人を救助し、平成二十六年三月三十一日に現役を引退した。

三・民間救助隊との連携

山岳遭難防止対策協会救助隊、通称「遭対協」は、地域の山に係わる人、山小屋の関係者で構成され、山岳遭難救助隊よりその歴史は古く、当時、地元の山を知り尽くしている屈強な山男が遭対協救助隊員として、警察の要請を受け自らの仕事を中断し、歩いて入山、遭難者を背負って搬送した。遅れて発足したわれわれ県警山岳遭難救助隊にとって、遭対協は「師」であり、また、お互いを切磋琢磨する仲間であり、山岳遭難救助隊の歴史は遭対協をなくしては語れないほど、強い結びつきがある。現在もひとたび遭難が発生すると、警察からの要請を快く受けていただき、救助隊員としての使命感をもって、危険、困難な現場へ出動してくれる。心から感謝申し上げたい。

山岳遭難防止対策の現状

一・県知事部局と連携した活動

世界水準の山岳高原観光地づくりを目指す長野県は、山岳遭難防止活動にも積極的に参画し、警察と連携した全国的な活動を展開している。遭難防止キャンペーンイベントを定期的に開催するほか、元山岳遭難救助隊長であった翠川幸二、中嶋豊氏を遭難防止アドバイザーとして委嘱し、全国各地で開催している安全講習に派遣している。

二・ヘルメット着用の奨励

長野県では、滑落、転倒や落石の際に、遭難者のケガの軽減を図るとともに、登山者に対する安全登山の意識づけを図るため、ヘルメットの着用を継続して呼びかけている。これは、稜線を縦走中に約一五〇メートル滑落し、手足を骨折する重傷を負ったものの、ヘルメットを着用していたため頭部の損傷がなく一命をとりとめた事例があったためだ。

これをきっかけに、山小屋でもヘルメットの貸し出しをはじめたこともあり、今ではヘルメットの着用が多くなっている。なお、ヘルメットも軽量化し、形もファッション性のあるものが発売され、「着用しやすさ」という点でも、多くの登山者が着用してくれていることから、今後も継続して呼びかけていきたい。

山岳安全対策課の設置

一・発足の経緯

平成二十七年三月二十日、長野県警察に山岳専門の部署として全国初となる「山岳安全対策課」が設置された。大きな理由は、急増する山岳遭難への対応である。

山岳遭難は、平成に入り百名山ブームで多くの登山者が入山し、遭難も増加傾向にあり、平成二十二年以降は毎年発生件数が二〇〇件を超え、特に平成二十五年には過去最多となる三〇〇件となった。この事態に対して、警察はもちろん世界水準の山岳高原観光地づくりを目指す長野県としても遭難防止、登山者の安全対策が喫緊の課題となっていた。さらに、平成二十六年九月二十七日、御嶽山が噴火したことで、改めて「登山者の安全」が大きな課題となった。

そこで、長野県警察は、登山を巡るさまざまな課題が山積するなかで、今まで以上に迅速に対応できる救助体制を構築するとともに、現場で活動する救助隊員が登山者に対して生の声で遭難防止を呼びかけることで、効果的な防止対策を行なうことを趣旨として、全国に先駆けて山岳救助等を専門とする部署を設置した。

二・体制

山岳安全対策課は、所属長である課長以下十一人の体制で警察本部庁舎と航空隊舎の二カ所に分かれて勤務している。

警察本部庁舎では、係員が安全対策係として勤務し、山岳遭難全般の事務処理や全国各地で開催される登山講習で講話するほか、県知事部局との連絡調整を行なっている。また、航空隊舎では救助隊員六人が、年間三六五日、航空機と一体となった救助活動を行なっている。このほか、機動隊と主要山岳を管轄する警察署の山岳救助隊員、航空隊員が同課を兼務することで、山岳遭難の救助活動に対して万全の体制をとっている。なお、従来の「長野県警察山岳遭難救助隊」は、新設された山岳安全対策課のなかに宮崎隊長以下三十五人の体制で編成されている。

女性隊員の活動

本県の山岳遭難救助隊は、警察として全国に先駆けて、平成六年から女性救助隊員を採用し、平成二十一年三月までの間に八人の女性警察官がその任務に就いた。当時の隊員の苦労は本文のなかに収録されているが、訓練では人一倍苦労し、現場では悔しい思いもしてきた。しかし、彼女たちが救助隊員として活躍できた理由は、山が好きであったこと、そして女性救助隊員としてがんばる、負けたくないという強い意思をもっていたからではないかと思う。平成二十六年三月、山岳救助、遭難防止活動において女性の視点を一層反映した活動を推進するため、五年ぶりに女性救助隊員が復活、現在二人の隊員が女性ならではのきめ細かな活動を行なっている。

このように山を巡る情勢が変わっていくなかで、山岳遭難を少しでも減らすため、さまざまな遭難防止対策を鋭意進めているにもかかわらず、まだまだ多くの遭難が発生し、その犠牲となっている登山者が後を絶たない。これを「自然の驚異」と言って終わらせることなく、登山者ひとりひとりがもう少し登山に対する意識を高めてもらえば、必ず山岳遭難は減少するであろう。

本書によって多くの登山者が山岳救助を考えていただき、登山に対する意識をもう一度見つめ直していただければ幸いである。

長野県警察山岳遭難救助隊関連年表

一九五四（昭和二十九）年

・警察で山岳遭難統計を開始、組織的な遭難対策をスタート

一九五八（昭和三十）年

・北アルプス南部（槍・穂高連峰）を管轄する「北アルプス登山者遭難対策協議会」「登山遭難者救助隊」を設立、これが現在の遭対協の母体となる

一九五六（昭和三十一）年

・北アルプス北部（後立山連峰）を管轄する「北アルプス遭難対策会」を設立

一九五八（昭和三十三）年

・豊科・大町両署が、遭対協と協力して夏山パトロールを実施

・八ヶ岳を中心とした「諏訪遭難救助対策協議会」が設立

・長野県山岳遭難防止対策協議会が設立

一九五九（昭和三十四）年

・長野県警察は、鹿島槍ヶ岳で「山岳警備訓練」を実施

・南アルプス北部を管轄する「県遭対協高遠支部」を設立

・御嶽山、木曽駒ヶ岳を管轄する「県遭対協木曽支部」を設立

・豊科署は、夏山に県警機動隊員二名の応援を受け、署員二名とともに涸沢に常駐

・遭難者の手記をまとめた『山に祈る』を発行

一九六〇（昭和三十五）年

・長野県警察は、涸沢及び白馬岳を基地とし、穂高連峰と後立山連峰の山岳パトロールを実施。当時は「長野県警察山岳パトロール隊」と呼称され、「長野県警察山岳遭難救助隊」の前身となる

一九六一（昭和三十六）年

・組織改正により「警ら交通課」を「警ら課」に改称

・戸隠連峰を管轄する「県遭対協戸隠支部」を設立

・機動隊に山岳班（山岳分隊）を設置

一九六二（昭和三十七）年

・中央アルプス（伊那側）を管轄する「県遭対協駒ヶ根支部」を設立

・南アルプス（南部）を管轄する「県遭対協大鹿支部」を設立

・志賀高原を管轄する「県遭対協志賀高原支部」を設立

・北アルプス槍ヶ岳（北鎌尾根）で、遭対協救助隊員白河敏男氏が救助活動中に二重遭難により死亡

一九六三（昭和三十八）年

・従来の「長野県山岳遭難防止対策協議会」を発展的に解消、「長野県山岳遭難防止対策協会」を設立

・組織改正により「警ら課」を「外勤課」に改称

一九六四（昭和三十九）年

・第一回全国遭対会議を東京で開催

・外勤課に救助係を新設（従来は災害警備係）

一九六六（昭和四十一）年

・「長野県警察山岳遭難救助隊の運用に関する訓令」の制定により、長野県警察山岳遭難救助隊が発足

・涸沢山岳総合補導所をプレハブで新築

一九六七（昭和四十二）年

・西穂高岳独標において松本深志高校生五十五名が下山中被雷し、十一名が死亡、十名が負傷する大規模遭

難が発生、県警救助隊が総力を挙げて救助活動を実施
一九六九（昭和四十四）年
・大町市に長野県山岳総合センターが開設
・県（消防防災課）は、年末年始の十日間民間ヘリコプター（朝日ヘリ）を初めて常駐させる
一九七〇（昭和四十五）年
・救助技術の教科書ともいえる『遭難救助技術の手引き』（救助隊編）を作成
一九七二（昭和四十七）年
・救助隊員の手記による『アルプスに賭けて』を出版
一九七三（昭和四十八）年
・涸沢山岳総合補導所が落成、従来のプレハブ建物から恒久建物となる
一九七五（昭和五十）年
・夏山シーズン中、陸上自衛隊松本駐屯地に自衛隊ヘリコプターが初めて常駐
一九七六（昭和五十一）年
・県警山岳遭難救助隊創設十周年を迎えて記念事業を実施
一九七八（昭和五十三）年
・涸沢ヒュッテを基地として初めて春山パトロールを実施
一九七九（昭和五十四）年
・遭対協防止対策部主催の新宿駅、名古屋駅における冬山情報の提供及び登山相談を初めて実施
一九八〇（昭和五十五）年
・警察航空隊が発足
一九八一（昭和五十六）年
・警察ヘリコプター「やまびこ」（初代）を実働配備

一九八二（昭和五十七）年
・北穂高岳（北穂沢）で、夜間の救助活動中の涸沢ヒュッテ従業員伊藤一茂氏が二重遭難により死亡
一九八三（昭和五十八）年
・山小屋救助隊研修会を初めて実施
一九八七（昭和六十二）年
・北アルプス南部地区常駐隊員を初めて公募により募集
一九八九（平成元）年
・県政ヘリコプター「しんしゅう」（ベル式二〇六L-三型）実働配備
一九九二（平成四）年
・組織改正により外勤課から地域課へ改称
一九九三（平成五）年
・中央アルプス地区遭対協救助隊の倉田武志救助隊長が、空木岳で救助活動中に二重遭難で死亡
一九九四（平成六）年
・全国に先駆け、女性警察官二名を救助隊員に指名し二十五名体制となる
一九九五（平成七）年
・『ザイルをかついだお巡りさん』を山と溪谷社から発行
一九九六（平成八）年
・白馬岳と宝剣岳で県警救助隊の夏山常駐パトロールを実施
一九九八（平成十）年
・長野・岐阜・富山の三県の航空隊が合同訓練を実施
二〇〇一（平成十三）年
・涸沢総合相談所が新築されて完成

二〇〇二（平成十四）年

・鹿島槍ヶ岳で救助活動中の東邦航空篠原秋彦氏が二重遭難で死亡

二〇〇五（平成十七）年

・初代「やまびこ」（ベル式二二二型）が更新され、二代目「やまびこ」（ユーロコプターAS三六五N三）を実働配備

・市町村合併により、北アルプス穂高連峰の管轄が豊科署から松本署に変更

二〇〇七（平成十九）年

・豊科署が安曇野署に名称変更

・夏山シーズン中の遭難件数が昭和二十九年の統計開始以降最多となる九十一件

二〇〇九（平成二十一）年

・山岳遭難救助隊発足五十周年記念式典を開催

二〇一一（平成二十三）年

・「信州型事業仕分け」で、山岳遭難救助活動経費と山岳遭難防止対策協会負担金が対象となる

二〇一二（平成二十四）年

・ヘルメット着用の奨励を開始

二〇一三（平成二十五）年

・遭難件数が昭和二十九年の統計開始以来最多となる三〇〇件発生

・多発する山岳遭難に対応するため、新たにAW一三九型（通称「やまびこ」二号）が実働配備された

二〇一四（平成二十六）年

・女性隊員二名を、五年ぶりに本部地域課と松本署に配置

・九月二十七日、御嶽山が噴火、死者五十七名、行方不明六名、負傷者五十九名の人的被害が発生

二〇一五（平成二十七）年

・全国警察で初となる、山岳安全対策課が発足

長野県警レスキュー最前線

二〇一五年八月五日　初版第一刷発行
二〇二二年五月二十五日　初版第五刷発行

編　者　長野県警察山岳遭難救助隊
発行人　川崎深雪
発行所　株式会社　山と溪谷社
郵便番号　一〇一―〇〇五一
東京都千代田区神田神保町一丁目一〇五番地
https://www.yamakei.co.jp/

■乱丁・落丁、及び内容に関するお問合せ先
山と溪谷社自動応答サービス　電話〇三―六七四四―一九〇〇
受付時間／十一時〜十六時（土日、祝日を除く）
メールもご利用ください。
【乱丁・落丁】service@yamakei.co.jp　【内容】info@yamakei.co.jp
■書店・取次様からのご注文先
山と溪谷社受注センター　電話〇四八―四五八―三四五五
ファクス〇四八―四二一―〇五一三
■書店・取次様からのご注文以外のお問合せ先　eigyo@yamakei.co.jp

デザイン　岡本一宣デザイン事務所
印刷・製本　株式会社暁印刷
定価はカバーに表示してあります

Printed in Japan　ISBN978-4-635-04787-6